# Großmutters Geheimnisse

## Haushaltstipps aus den guten alten Zeiten

Gesammelt von Karin Popp

Anaconda

Dieser Titel erschien zuerst 2006 im Verlag arsEdition in München.

Die Ratschläge in diesem Buch sind sowohl von der Autorin als auch vom Verlag sorgfältig geprüft worden, dennoch kann eine Garantie nicht übernommen werden.
Die Haftung der Autorin bzw. des Verlages und seiner Beauftragten für Personen-, Sach- und Vermögensschäden ist ausgeschlossen.

FSC www.fsc.org
MIX
Papier aus verantwortungsvollen Quellen
FSC® C014496

Penguin Random House Verlagsgruppe FSC® N001967

Die Deutsche Nationalbibliothek verzeichnet diese Publikation in der Deutschen Nationalbibliografie; detaillierte bibliografische Daten sind im Internet unter http://dnb.d-nb.de abrufbar.


Umschlagmotiv: shutterstock / rosypatterns
Umschlaggestaltung: Druckfrei. Dagmar Herrmann, Bad Honnef
Druck und Bindung: GGP Media GmbH, Pößneck
ISBN 978-3-7306-1046-6
www.anacondaverlag.de

# Inhalt

# Vorwort

Die Seiten »Für die Frau«, »Für Sie«, »Winke für die Hausfrau« gab es früher in jeder Zeitschrift. Sie enthielten Tipps zur Wiederverwertung von gebrauchten Materialien, zur Pflege der Einrichtungsgegenstände, Tipps für die Küche, für schonende Wäschebehandlung und sparsames Wirtschaften.
Als ich in einem Stapel alter Zeitschriften, die ich auf dem Dachboden fand, über die verschiedenen Möglichkeiten der Entfernung von Flecken las, war ich ganz fasziniert. Allerdings hatte ich Zweifel, ob es diese Mittel heute überhaupt noch zu kaufen gibt. Es gibt sie: Salmiakgeist, Ammoniak und vieles mehr erhält man beim Apotheker, andere Tinkturen in der Drogerie. Essig, Salz, Zitrone und vieles mehr sind selbstverständlich in jedem Haushalt vorhanden. Meine Mutter hatte immer eine Flasche Essig zu Hause, zum Ausbürsten der Kleidung, zur Entfernung von Kalkrückständen und als allgemeines Reinigungsmittel – natürlich muss es für diesen Zweck kein Balsamico sein, billiger Branntweinessig ist völlig ausreichend.
Viele Menschen kennen diese alten Mittel gar nicht mehr und die Wäschetipps sind zum großen Teil durch die Waschmaschine überflüssig geworden. Doch so mancher hat vergilbte Wäsche im Schrank liegen und Motten sind auch heute noch gefräßig.
Natürlich gibt es modernere Mittel, aber sie sind oft gar nicht nötig, wenn man auf Salz, Salmiakgeist, Essig

oder Zitrone zurückgreifen kann. Sehr geeignet sind die alten Mittel und Tinkturen auch zur Pflege der alten Erbstücke, wie Schmuck und Antiquitäten.
Die Beachtung der Kochtipps kann so manchen Ärger beim Kochen vermeiden, wie z. B. zähes Fleisch, unnötige Arbeit oder misslungene Soßen. Nicht umsonst wurden viele Erfahrungen von den Großmüttern auf die Mütter überliefert und sollten jetzt möglichst auch das Haushalten unserer Söhne und Töchter erleichtern.
Damit die Fibel nicht nur die Ratschläge aus Omas Zeiten enthält, sondern in allen Bereichen des Haushalts wirklich eine Hilfe sein kann, habe ich sie noch mit Hinweisen ergänzt, die unsere modernen Textilien und technischen Geräte mit einbeziehen. Aber auch die »Kochkiste« und den altmodischen Waschtag wollte ich nicht auslassen. Und wer über diese oft umständlichen Methoden nur schmunzeln kann, sollte sich freuen, dass Hausarbeit heute nicht mehr so viel Arbeit macht.
Wundern Sie sich daher nicht, wenn die Tipps je nach Zeit der Entstehung abwechselnd etwas »altdeutsch« oder ganz normal abgefasst sind.
Hoffentlich wird dieses Buch vielen Hausmännern und -frauen den Alltag erleichtern.

# Wäsche-ABC

Der der Wäsche anhaftende Schmutz ist eine Verbindung von Staub, abgeschuppten Hautpartikelchen und dem talgigen Hautfett. Zur Zeit unserer Großmutter bedurfte es noch langwieriger Prozeduren, um diese fettigen Ansätze aus dem Gewebe zu entfernen. Damals konnte der Waschtag allerdings manchmal zur Plackerei werden, der um 4 Uhr morgens begann und sich noch in den nächsten Tag hinein fortsetzte. Da haben wir es trotz aller Nöte der Gegenwart schon besser. Das Wasser braucht nicht in unzähligen Eimern vom Brunnen geschleppt zu werden, sondern fließt uns aus der Leitung bequem in den Kessel und Zuber; die wirkungsvollen Einweichmittel, die Wasch- und Wringmaschinen nehmen uns 50 Prozent der Arbeit ab. (Dieser Text stammt aus den 30er Jahren – inzwischen hat glücklicherweise fast jeder eine Waschmaschine.)

**Darauf sollten Sie achten:** Die Wäsche muss vor dem Waschen durchgeschaut und nach verschiedenen Kriterien sortiert werden. Nur Wäschestücke mit den gleichen Pflegeeigenschaften können zusammen gewaschen werden, d. h., Kochwäsche zusammensortieren, Buntwäsche, Wolle usw.
Vor der Wäsche müssen alle Flecken entfernt werden – wie, dafür finden Sie im nächsten Kapitel ausführliche Ratschläge. Weiße Wäsche sollte, egal mit welcher Temperatur, nicht mit schwarzer Wäsche zusammen gewaschen werden, da die Weißwäsche sonst schneller vergraut. Für schwarze und dunkle Feinwäsche sammelt man am besten, bis eine eigene Waschmaschine dafür zusammengekommen ist.
Vor dem Waschen sollte man besser alle Taschen entleeren, damit nicht wertvolle Papiere zerstört oder die ganze Wäsche durch ein zurückgebliebenes Papiertaschentuch voller Flusen aus der Maschine kommt. Taschen, Ecken der Bettwäsche, Hosensäume ausbürsten. Reißverschlüsse zuziehen, sie gehen dann nicht so schnell kaputt. Bettwäsche, Tischtücher und andere Tücher entfalten. Waschanleitungen bei einzelnen Kleidungsstücken müssen beachtet werden, z. B. »separat waschen« oder »von links waschen«.
Stark verschmutzte Teile oder Stellen können erfolgreich mit Gallseife oder einem Pre-Wash-Spray vorbehandelt werden.

# Fleckentfernung

**Alleskleberflecken** kann man am leichtesten mit Aceton beseitigen und den Stoff hinterher gut auswaschen. Vorsichtshalber vorher an einer unsichtbaren Stelle ausprobieren, ob der Stoff sich nicht verfärbt.

**Apfelsinenflecken** sollten Sie mit etwas Glyzerin aufweichen und danach mit lauwarmem Wasser ausspülen.

**Benzinränder:** Um die hässlichen Benzinränder zu beseitigen, nimmt man Kartoffelmehl, das man sofort nach dem Reinigen ziemlich dick auf das noch feuchte Benzin streut. Das Mehl saugt den im Benzin enthaltenen Schmutz restlos auf.

**Bierflecken** in hellen Kleiderstoffen: Quillayarinde (= Waschholz, Rinde eines immergrünen südamerikanischen Baumes) in kaltem Wasser lösen, damit Fleck entfernen und ausspülen.

**Blutflecken:** Aus waschbaren Stoffen mit lauwarmem Salmiakwasser nicht über 40 Grad, aus empfindlichen Stoffen mit einem Brei aus Wasser und Kartoffelmehl oder Weizenstärke ausreiben. Den Brei aufstreichen, einige Zeit einwirken lassen, abreiben und mit klarem Wasser gut nachspülen.
Alte Blutflecken erst mit Salz- oder Sodawasser behandeln, bevor man sie mit lauwarmem Seifenwasser aus-

wäscht. Blutflecken aus Polstern mit der oben genannten Paste aus Stärkemehl und Wasser leicht einreiben und in der Sonne trocknen lassen – nach dem Trocknen ausbürsten und, wenn nötig, das Ganze wiederholen.

**Bowleflecken:** Man wäscht Bowleflecken zuerst mit lauwarmem Wasser aus, um den Zucker zu entfernen, dann spült man mit Spiritus gut nach.

**Brandflecken** (auch vom Bügeln, wenn das Gewebe noch nicht zerstört ist): Aus Waschstoffen mit Boraxlösung, dann gut mit Wasser nachspülen. Aus empfindlichen Seiden- und Wollstoffen mit verdünntem Essig. Bei stärkeren Brandflecken sollte man den Saft einer Zwiebel über Nacht einwirken lassen und die Flecken dann herauswaschen.

**Brandflecken** auf Porzellan (hauptsächlich Aschenbecher) kann man mit einem nassen Korken wegreiben, den man vorher in etwas Salz getaucht hat.

**Eierflecken** beseitigt man erst, wenn sie getrocknet sind. Erst dann wäscht man sie mit warmem Wasser aus. Aus weißer Wäsche vor dem Kochen oder Plätten entfernen, da Hitze Eierflecken fixiert. In Seidenstoffen verbleibt nach dem Ausreiben mit kaltem Wasser manchmal ein Fettfleck, der mit Magnesia entfernt werden kann.

**Erdbeerflecken:** Fleckstellen werden mit Boraxlösung angefeuchtet, etwas eingeweicht und anschließend mit in die Lösung getauchtem Leinenläppchen ausgerieben. Bei besonders hartnäckigen Flecken der Lösung etwas Salmiakgeist zusetzen. Alte Flecke werden mit Chlorwasser entfernt.

**Farbflecken** an den Händen kann man natürlich mit Nitroverdünner entfernen. Baby- oder Speiseöl weicht die Farbe auf und ist schonender für die Hände.

**Fettflecken:** Mit heißem Wasser, wenn es der Stoff erlaubt – bei empfindlichen Stoffen kräftig mit saugfähigem Papier (weiche Krepppapierservietten oder Klosettpapier) ausreiben oder mit trocken erhitztem Kartoffelmehl abreiben. Man kann sie auch mit Magnesia oder Talkum bestreuen, einwirken lassen und anschließend ausbürsten.
Aus Rockkragen oder Hüten: Stoff mit Wasser anfeuchten, mit Hirschhornsalz einreiben, bis dichter Schaum entsteht, und nach einigen Minuten mit warmem Wasser nachspülen.
Wenn man Fettflecken in Weißzeug mit heißer Sodalösung überreibt, wird dadurch das Fett verseift und lässt sich mit heißem Wasser leicht auswaschen.
Auf Wollstoff kann man Fettflecken fast immer beseitigen, indem man sie mit einem grobfädigen trockenen Handtuche schnell und kräftig überreibt, vorausgesetzt freilich, dass die Flecken ganz frisch sind. Oft wirkt auch ein Abreiben mit sprudelndem Mineralwasser Wunder.

Aus Glattleder lassen sich Fettflecken entfernen, wenn man wenig geschlagenes Eiweiß vorsichtig auf dem Fleck verreibt.

Schmutz- und **Fettflecken** auf Kleidern werden mit der Schnittfläche einer rohen, durchgeschnittenen Kartoffel behandelt. Dieses Verfahren hinterlässt keine Ränder.

**Fettflecken** in Büchern bestreut man mit Talkumpuder, legt auf und unter die Seite ein Löschpapier und überbügelt die Stelle warm.

**Fettspritzer** auf Kleidung und Teppichen sollte man sofort mit Salz bestreuen, wodurch das Fett aufgesaugt wird.

**Filzstiftflecken** mit einem Tuch abreiben, das in Zitronensaft getaucht wurde.
Man kann auch Haarspray auf den Fleck sprühen, trocknen lassen und hinterher gut ausbürsten.

**Firnisflecken:** Mit ungesalzener Butter aufweichen, dann mit Petroleum oder Terpentinöl bestreichen und nach einiger Zeit mit Wasser und Seife nachwaschen.

**Flecken** sollte man immer im Kreis von außen nach innen bearbeiten, sonst wird die verschmutzte Stelle nur immer größer und es gibt Ränder.

**Grasflecken:** Eine Messerspitze Zinnsalz in ½ Liter Wasser auflösen. Nach der Reinigung mit kaltem Wasser nachwaschen.
Die Flecken lassen sich besser herauswaschen, wenn man sie vorher mit Schmierseife oder Spülmittel einreibt.
Auch mit Salmiakwasser erzielt man gute Ergebnisse.
Grasflecken aus Baumwolle und Synthetik gründlich mit Haarshampoo einreiben und klar nachspülen.
Alte Flecken auf kochfesten Stoffen mit ungesalzener Butter einreiben und dann in kochender Seifenlauge waschen.
Oder bestreichen Sie die schmutzigen Stellen mit Glyzerin und waschen Sie das Wäschestück hinterher gut aus.

**Harzflecken** sind etwas mühsam zu entfernen. Man kann sie mit Terpentin einreiben und dann heiß auswaschen. Sollten noch Restflecken bleiben, nochmals mit Terpentin oder Benzin ausreiben.
Tannenharz bringt man mit Spiritus aus den Kleidern. Man probiert am besten vorher an einem Flicken, ob es die Farbe nicht nimmt. Bei leichtem Bestreichen wird es wohl kaum der Fall sein. Auch Kölnisches Wasser kann man dazu nehmen.

Stoffe mit **Honigflecken** sollte man in lauwarmer Sodalösung einweichen und dann mit kaltem Wasser nachspülen.

Wie entfernt man **Jodflecken**? Man entfernt sie mittels verdünnten Salmiakgeistes. Leisten die Flecken Widerstand, so betupft man sie mit übermangansaurem Kali und wäscht mit Salmiakwasser nach.

**Kaffeeflecken:** Mit warmem Wasser auswaschen.
Alte Kaffeeflecken in Weißzeug reibt man von beiden Seiten mit Glyzerin ein und kann sie nach einiger Zeit mit warmem Wasser auswaschen.
Leichte Kaffeeflecken lassen sich auch mit Salzwasser herauswaschen. Auch das Einreiben mit kalter Milch wird empfohlen – hinterher mit Seifenwasser auswaschen.

Haben Sie sich auf einen **Kaugummi** gesetzt? Legen Sie das Kleidungsstück einige Zeit in das Gefrierfach – hinterher lässt sich der Kaugummi gut abkratzen. Oder Sie drücken Eiswürfel so lange auf den Kaugummi, bis er brüchig wird und sich entfernen lässt.

**Kirschflecken** aus Stoffen entfernen. Man wäscht den Stoff mit dem Kirschfleck sogleich in lauwarmem Wasser aus, legt ihn sodann in Milch, in der die Fleckstelle eine Nacht hindurch bleibt. Wenn man den Fleck am nächsten Morgen in lauwarmem Seifenwasser wäscht, ist er restlos verschwunden.

**Kleiderkragen** reinigt man durch Abreiben mit einer Lösung von einem Gramm grauem Meersalz und vier Gramm Alkoholgeist spielend leicht.

**Kugelschreiberflecken,** die schon eingetrocknet sind, sollte man vor dem Waschen mit etwas Haarspray ein-

sprühen – beim Waschen verschwindet dann der Fleck. Auf Wollsachen kann man den Fleck mit einem Lappen und Kölnischwasser bearbeiten.
Ebenso hilft es, wenn man den Fleck mit einer natriumfluoridhaltigen Zahncreme einreibt. Nach einigen Minuten gut auswaschen.

Flecken auf **Leder** werden am besten mit einer schwachen Lösung aus Wasser und Essig entfernt.

**Lippenstiftflecken** sollte man mit Spiritus vorbehandeln, dann mit Seife einreiben und nach etwa 20 Minuten mit lauwarmem Wasser nachspülen.

**Milchflecken:** Mit kaltem Wasser auswaschen. Milchflecken aus seidenen Stoffen entfernt man mit einem Brei aus Magnesia und Äther. Nach dem Trocknen das anhaftende Pulver durch vorsichtiges Reiben entfernen.

**Obst- oder Obstsaftflecken** auf der Wäsche: Sofort mit Salz bestreuen und mit heißem Wasser auswaschen – oder man schwefelt sie mit gewöhnlichen Phosphorzündhölzern aus. Man feuchtet die Stelle an, lässt sie von einer anderen Person stramm auseinander halten und fährt rasch mit etwa vier zusammengehaltenen angezündeten Streichhölzern darunter hin und her, bis der Fleck gelb wird. Er lässt sich dann leicht auswaschen. Natürlich muss man sehr vorsichtig verfahren,

auch die Sache ein paarmal wiederholen. Der Erfolg ist aber dann sicher.
Frische Obstflecken können auch entfernt werden, indem man das Stück Wäsche über ein Gefäß legt und kochendes Wasser so lange tropfenweise darüberrieseln lässt, bis der Fleck verschwunden ist. Zusätze von Seife oder Fleckenmitteln sind in diesem Falle zu vermeiden.

**Obstflecken** von den Händen entfernen: Beim Obstschälen ist es ein Leidwesen der Hausfrau, dass die Hände sich nicht wieder in der gewünschten Weise zeigen wollen, auch beim Zuputzen verschiedener Gemüse und bei frischen Kartoffeln macht sich das Übel bemerkbar. Eine ganz leichte Abhilfe bringt uns eine Waschung mit Buttermilch. Man wird sehen, dass die Flecken, die selbst der Soda trotzen, bei der Anwendung von Buttermilch sofort verschwinden. Außerdem ist Buttermilch Balsam für die Hände.
Schmutzige Hände, die man von dem Putzen von Gemüse und Suppengrün bekommt, säubert man schnell wieder, indem man sie mit Essigwasser abreibt. Bei sehr empfindlicher Haut mache man einen Brei von etwas Zucker und einigen Tropfen Öl, lasse kurze Zeit gut einziehen und wasche mit lauwarmem Wasser nach.

**Obstflecken** auf Holzmöbeln sollte man mit einer Mischung aus Öl und Kochsalz mit einem weichen Tuch abreiben.

**Ölfarbenflecken:** Man mischt 4 Teile Spiritus, 3 Teile Schmierseife und 1 Teil Salmiakgeist und befeuchtet damit die Flecken. Anschließend mit in heißes Wasser getauchtem Schwamm oder Läppchen nachreiben.

**Ölflecken** auf der Kleidung dick mit Babypuder bestreuen und über Nacht einwirken lassen. Nach dem Ausbürsten ist der Fleck weg.

**Parfümflecken** entfernt man aus Textilien am besten mit verdünntem Salmiakgeist.

**Regenflecken:** Den Stoff mit feuchtem Tuch bedecken und bügeln.

**Rostflecken,** die in der Wäsche sind, entfernt man sehr leicht dadurch, dass man Zitronensäure – möglichst erhitzt – auf die betreffenden Stellen träufelt. Bei hartnäckigen Flecken dem Zitronensaft etwas Salz zufügen und über Nacht einweichen. Aus Leinen und auch aus Baumwolle sind sie auf diese Weise zu entfernen, nur darf man nach der Anwendung nicht ein gehöriges Ausspülen mit klarem Wasser vergessen. Aus Leinen lassen sich die Rostflecken auch durch Abreiben mit Borax entfernen. Rostflecken kann man auch mit dem Saft einer Tomate abwaschen – trocknen lassen und dann gut auswaschen.

**Rotweinflecken:** Auf die frischen Flecken sofort reichlich Salz streuen, das die Flüssigkeit aufsaugt, und dann auswaschen. Wenn Sie Weißwein zur Hand haben, schütten Sie etwas über den Rotweinfleck – er verschwindet sofort. Man betupfe den Fleck mit Zitronensaft und wasche dann in Seifenwasser nach. Man kann auch die Stellen mit einer Lösung doppeltschwefelsaurem Natron befeuchten und dann mit warmem Wasser nachwaschen. Ein etwas komplizierteres Verfahren, um Rotweinflecken aus Wolle, Seide, Baumwolle und Wäschestoff zu entfernen: Weiße Bohnen werden ohne Salz gekocht, bis sie weich sind. Die Flüssigkeit durch ein Sieb gießen, erkalten lassen und damit die Flecken entfernen. Weinflecken auf dunklem Seidenstoff können, wenn sie noch frisch sind, mit einem Schwämmchen und warmer, schwacher Kochsalzlösung ausgewaschen werden.

**Schimmelflecken** werden nach dem Anfeuchten mit Zitronensaft begossen, dann mit Salz bestreut und in der Sonne getrocknet. Sie können es auch mit einer halben Tasse Lysol im Waschwasser probieren. Verschimmeltes Leder reiben Sie am besten mit einer Mischung aus Wasser und Spiritus zu gleichen Teilen ab.

**Schokoladenflecken** in den Kleidern kommen vor allem bei Kindern nicht selten vor. Man sollte sie zunächst mit warmem Seifenwasser ausreiben, mit klarem Wasser ausspülen, dann mit Zitronensaft beträufeln, kurz einwirken lassen und nochmals gut ausspülen.

**Schuhcremeflecken** werden am besten mit Spiritus entfernt. Bei farbigen Socken nehmen Sie besser nur einen Teil Spiritus auf zwei Teile Wasser.

**Schweißflecken** verschwinden aus bunten Stoffen durch Abreiben mit Salmiakgeist oder durch Befeuchten mit Essig.

**Schweißflecken auf Seide:** Methylspiritus und Salmiak zu gleichen Teilen mischen, angegriffene Stelle in die Flüssigkeit legen, danach mit Seifenwasser aus Gallseife waschen.

Hässliche **Schweißränder** an den hellen und dunklen Herrenfilzhüten lassen sich sehr gut vermeiden, wenn man gleich nach dem Einkauf in der Breite des Schweißleders ein bis zwei Streifen Löschpapier schneidet und diese unter den Lederstreifen schiebt.

**Spinatflecken** in Textilien kann man mit einer rohen Kartoffel einreiben und dann in Seifenwasser auswaschen. Anschließend kann man noch mit Alkohol nachreiben.

**Stearinflecken (Wachsflecken):** Befleckte Stellen mit Löschpapier belegen und mit heißem Plätteisen bügeln, dabei Papier immer wieder wechseln.

**Stockflecken:** Stoff mit Pottasche und Seifenlauge durchwaschen und an der Sonne trocknen lassen.

**Suppenflecken** aus Wollstoffen entfernt man durch Abreiben mit einer Lösung von gleichen Teilen Benzin und Terpentinöl. Dann wäscht man mit warmem Seifenwasser nach.

Hat man **Tee** auf die Kleidung gekleckert, sollte man die Flecken sofort mit Sahne einreiben und dann gut mit Seifenwasser auswaschen.

**Teerflecken** erst mit Petroleum entfernen und dann mit Waschmittel auswaschen. Bei farbigen Stoffen erst ausprobieren, ob sie farbecht sind.
Teerflecken an den Händen (und Füßen, z. B. am Strand): Hilfe bringt hier eine Apfelsine oder eine Zitrone bzw. deren Schalen. Man reibe mit der Außenseite der Schalen über die Teerflecken hinweg. Das in der Schale enthaltene Öl löst den Teer sofort ab und nimmt ihn weg.
Auf der Kleidung verschwinden die Teerflecke, wenn man sie mit Butter einreibt, eine Zeit lang einwirken lässt und dann mit Seifenwasser – in hartnäckigen Fällen mit Benzin – auswäscht.
Eine andere Möglichkeit ist das Ausreiben mit rohem Eigelb – lauwarm nachspülen.

**Tintenflecken,** die meist aus Unachtsamkeit der Kinder in Tischdecken usw. entstehen, lassen sich mit Kleesalz entfernen. Eine Messerspitze voll davon kocht man mit weichem Wasser, am besten Regenwasser, in einem Blechlöffel über einer Gas- oder Spiritusflamme auf. Vorher benetzt man die Flecken mit heißem Wasser und schüttet dann von der Kleesalzlösung auf die Fleckstellen. Wer ein zinnenes Gefäß hat, soll dieses mittels heißen Wassers erhitzen und den mit der beschriebenen Lösung bestrichenen Flecken einige

Minuten fest daran halten. Dies soll zur Beschleunigung des Verfahrens dienen. Man wartet, bis der Flecken ausgezogen ist, dann wäscht man die Stellen sofort mit heißem Wasser aus. Auch Flecken anderer Art, die einer einfachen Wäschebehandlung nicht weichen wollen, kann man auf diese Art behandeln, und zwar wohl immer mit Erfolg.
Ein anderer Tipp: Stoff sofort mit Milch oder Molke bearbeiten, mit Wasser nachspülen.
Aus Leinen entfernt man die Tintenflecken mit einer Lösung aus 2 Teilen Weinstein und 1 Teil Oxalsäure, zu welchem Zwecke beide Stoffe fein pulverisiert und wohl gemischt werden müssen. Diese Mischung wird mit einem trockenen Lappen auf die zuvor befeuchtete Schmutzstelle aufgerieben und nach Verschwinden der Tinte das Gewebe tüchtig und mehrmals gewaschen.
Man gieße etwas frische Milch in eine kleine Schüssel und legt die Stelle, die die Tinte enthält, darüber. Dann hält man mit dem Finger die Stoffstelle so lange in die Milch hinein, bis der Fleck weicht. Sollte er hartnäckig sein, so muss man die Milch einige Male erneuern.
Rote Tintenflecken recht dick mit Senf bestreichen, einige Stunden liegen lassen und auswaschen.

**Tomatenflecken** oder auch **Ketchupflecken** sollte man am besten sofort mit warmem Seifenwasser waschen. Ist der Fleck schon angetrocknet, kann man ihn vor dem Waschen in Sodawasser einweichen.

**Wasserflecken** auf Möbeln verschwinden meist völlig, wenn man gemahlene Walnusskerne mit einem weichen Tuch auf der betroffenen Stelle verreibt.

**Zuckerflecken:** Mit lauwarmem Wasser auswaschen – glänzende Stellen aus Wollstoffen mit einer Mischung von 25 g Salmiakgeist, 25 g Salz und 3 Esslöffel Wasser betupfen, dann mit überdecktem feuchten Tuch bügeln.

# Waschanleitungen

In fast allen Kleidungs- und Wäschestücken finden Sie **Pflegeanleitungen,** die wie folgt symbolisiert sind: Ein Waschbottich als Zeichen dafür, dass die Wäsche gewaschen werden darf, mit der Angabe, wie viel Grad das Waschwasser haben soll. Ist der Waschbottich durchgestrichen, darf das Kleidungsstück nicht gewaschen werden und muss in die Reinigung.

**Ein Bügeleisen mit Anleitungen zum Bügeln:** Drei Punkte heiß, zwei Punkte mäßig heiß, ein Punkt nicht heiß bügeln. Ist das Symbol durchgestrichen, darf die Wäsche nicht gebügelt werden.

**Neue Wäsche,** die man direkt am Körper trägt, sollte vor dem ersten Anziehen schon gewaschen werden – vor allen Dingen, wenn man zu Allergien neigt.

**Schmutzige Wäsche** sollte man nicht im Schlafzimmer aufbewahren. Da es derselben schadet, wenn sie in der Wäschekiste lang aufeinander gelegen hat, sollte man sie, wenn es irgend geht, locker aufbewahren und möglichst bald waschen, auch damit der Schmutz sich nicht zu sehr verfestigt.

Die **Buttermilch** ist ein Mittel, das man auch bei durch langes Liegen im Schrank gelb gewordenen Wäschestücken anwenden kann. Alle Wäschestücke müssen vorher sauber gewaschen und gespült sein, dann legt man sie 24 Stunden in Buttermilch, welche man einmal erneuert, nachdem man die Wäsche aus ihr herausgenommen hat. Auch das zweite Mal drückt man die Wäsche tüchtig in der Buttermilch durch, tut sie nun in klares Wasser, spült sie heraus und trocknet sie.

Das zweite unschädliche **Bleichmittel** bietet uns der altmodische Pfeifenton, der früher viel zum Entfernen der Fettflecken von ungestrichenen weißen Holzfußböden benutzt wurde. Man verrührt den Pfeifenton mit schaumig geschlagenem Seifenwasser von weißer Kernseife, gibt 2 Löffel Terpentin, ebenso viel Borax hinzu und wäscht hiermit die Wäsche, die man vorher einmal auf gewöhnliche Weise vorgewaschen hat, völlig rein. Dann spült man sie, lässt sie über Nacht in mit Pfeifenton versetztem Wasser liegen und spült sie am anderen Morgen zum zweiten Male, legt sie in Wäscheblau und vollendet sie wie gewöhnlich.

Um **farbigen Sachen** ihre Frische zu erhalten, gießt man etwas Essig in das Wasser, zumal aber in das letzte Spülwasser. Ein langes Stehen oder Liegen im Wasser vertragen farbige Sachen meist sehr schlecht, deshalb ist es geraten, sie auszuwaschen, zu spülen und aufzuhängen.

**Federkissen** werden wieder ganz locker und frisch, wenn man sie ca. 15 Minuten im Wäschetrockner durchwirbeln lässt – allerdings bei ausgeschalteter Heizung und ohne Löcher im Inlet.

**Fussel** auf Samt, Kordsamt oder Nicki-Pullovern kann man vermeiden, indem man die Kleidungsstücke links wäscht, eine Tasse Essig in den letzten Spülgang gibt oder im Wäschetrockner ein Stück Nylonstoff als Fusselfänger mitlaufen lässt. Wenn Sie stark fusselige Wäsche mitwaschen, stecken Sie sie am besten in einen kleinen Kissenbezug.

**Gardinen waschen:** Man löst ¼ Pfund Seife in 25 Liter Wasser auf, fügt, wenn dasselbe kocht, 10 Löffel Salmiakgeist und 10 Löffel Terpentin hinzu und gießt diese Lauge über die glatt in ein Gefäß gelegten Gardinen, welche man zuvor eingeweicht und wiederholt in kaltem Wasser ausgespült hat. Man deckt das Gefäß zu, lässt die Gardinen eine Stunde stehen und schlägt sie sodann tüchtig, bevor man sie herausnimmt. Dies Verfahren reinigt dieselben gründlich, ohne sie im Geringsten anzugreifen, und nur bei ungewöhnlich schmutzigen Gardinen ist es nötig, sie noch hinterher zu kochen. Sehr ratsam ist es, die Gardinen vor der Wäsche mehrfach zusammenzulegen und sodann mit großen Stichen zusammenzuheften.

Wenn man seine Wäsche auch im Winter draußen aufhängt, hilft eine Hand voll Salz im letzten Spülwasser – gut aufgelöst – gegen das **Gefrieren** der Wäsche.

Gelb gewordene Wäsche künstlich bleichen. Zum **Bleichen** gelber Wäsche nimmt man 1 Teil gereinigtes Terpentinöl, mischt es mit 3 Teilen höchst rektifiziertem

Spiritus, gießt einen Esslöffel dieser Mischung in einen Eimer Wasser, spült die gewaschene Wäsche darin und hängt sie zum Trocknen auf. Noch besser ist es, wenn man die Wäsche einige Zeit auf dem Rasen bleichen kann. Hierbei darf jedoch die Wäsche nicht völlig trocken werden, sonst wird sie wieder gelb.

Wenn Ihr **Tafeltuch** gelb geworden ist, weil Sie es längere Zeit nicht benutzt haben, so waschen Sie es bei Ihrer nächsten Wäsche noch einmal mit. Auf je einen Liter Wasser lösen Sie 15 Gramm Kochsalz auf, gießen es über das Tafeltuch und lassen es damit über Nacht stehen. Dann waschen Sie in gewohnter Weise nach, und das Tuch ist wieder weiß. Am besten nehmen Sie alle Wäsche, die nur selten gebraucht wird, beiseite, nachdem sie gewaschen ist, spülen sie gut durch und setzen dem letzten Spülwasser sehr reichlich Waschblau hinzu. Wenn die Wäsche auch anfangs etwas zu blau aussieht, so schadet das nichts; die Färbung verliert sich allmählich, und Sie vermeiden auf auf diese Weise, dass die Wäsche vergilbt.

Wenn man den Saft einer halben Zitrone mitkocht, wird die Kochwäsche garantiert **blütenweiß.**

**Kragen** werden wieder sauber, wenn man sie mit Haarwaschmittel einpinselt, bevor man das Kleidungsstück in der Waschmaschine wäscht.

Die leichten, glatten Stoffe aus **Kunstseide** zu waschen, ist ein müheloses Spiel. Es ist völlig ausreichend, den Stoff im Wasser hin- und herzuschwenken und auszudrücken. Das ist alles! Nach mehrmaligem Spülen in lauwarmem Wasser rollen wir zwischen sauberen Tüchern die Feuchtigkeit aus den Geweben und hängen die Wäsche im Schatten zum Trocknen auf. Nur sehr schmutzige Stücke wäscht man in zwei Laugen.

Wäsche und andere Kleidungsstücke mit bunter **Leinenstickerei** zu waschen: Man kocht 1/4 Pfund Seifenwurzel in 15 Liter Wasser, gießt die gewonnene Lauge durch ein Tuch und wäscht den betreffenden Gegenstand darin einmal durch. Nachdem man denselben in lauwarmem Wasser gespült hat, wird er waagerecht ausgespannt, und, wenn er völlig trocken ist, zwischen zwei leinene Tücher gerollt. Zuletzt plättet man die Stickerei auf der linken Seite. Bunte Seidenstickerei auf Leinwand kann man auf die gleiche Weise waschen und plätten. Man kann weiße Decken mit bunter Stickerei in mäßig heißem Wasser mit Gallseife waschen, dann mit Wasser spülen, das mit Essig angesäuert ist, und hierauf recht trocken ausdrücken, nicht auswringen.

**Satin** kann man gut in warmer, dünner Mehlsuppe waschen, aber ohne Seife. Dann spült man den Stoff noch in lauwarmem Wasser aus.

**Schwarze Stoffe** lassen sich gut auffrischen, wenn man den Stoff nach dem Ausbürsten auf ein Brett legt und ihn mit einer Bürste abreibt, die vorher in folgende Mischung getaucht ist: Auf ein Glas Wasser rechnet man einen knappen Esslöffel Salmiakgeist. Hierauf wäscht man tüchtig mit frischem Wasser nach, lässt den Stoff halb trocknen und bügelt ihn auf der linken Seite.

**Seide** ist ein sehr kostbares und empfindliches Gewebe, das man nur sehr vorsichtig waschen darf. Vor allem müssen Waschmittelrückstände sorgfältig ausgespült werden, da das Gewebe sonst brüchig wird. Bei farbigen Stoffen dem letzten Spülwasser etwas Essig zugeben – feucht von links bügeln. Nicht einsprengen – das gibt Ränder.

**Schwarze Seide** bleicht nicht so schnell aus, wenn man etwas schwarzen Tee ins Waschwasser gibt.

Wichtig ist das genügende **Spülen** der Wäsche, da sonst Reste des Waschmittels im Gewebe verbleiben und die Faser angreifen, ganz abgesehen davon, dass der nach dem Trocknen und beim Legen als weißer Staub sich verratende Rückstand beim Berühren mit der Haut oft zu Juckreiz und auch zu Hautentzündungen führen kann. Mann sollte die gereinigte Wäsche das erste Mal mit gut warmem und dann des Öfteren so lange mit kaltem Wasser spülen, bis das Spülwasser völlig klar bleibt. Erst dann hat man Gewähr, dass die Wäschestücke völlig »pulverfrei« sind.

**Gute Stärkemischung für Stärkewäsche:** 4 Esslöffel Reisstärke bester Sorte, 1/4 Esslöffel pulverisierten Borax, 8 Esslöffel aufgelösten Gummi-Tragant mit warmem Wasser klar rühren, bis zu 1 Liter Wasser zugießen.

**Empfindliche Wäschestücke** wie Stickereien oder Spitzen tut man am besten in einen kleinen Kissenbezug in die Waschmaschine.

Auch die **Wäscheleine** sollte man ab und zu mit Seifenwasser abreiben, damit sie keine hässlichen Spuren auf der Wäsche hinterlässt.

Ist es Ihnen schon passiert, dass die Waschmaschine **überschäumt.** Wenn Sie etwas Salz hineinstreuen, wird sich der Schaum sofort auflösen.

Der **Waschseide** gibt man nach der Wäsche etwas Steife, indem man in dem Spülwasser einige Stücke Zucker auflöst. In sauberes Handtuch rollen und feucht plätten.

**Wasserdicht** werden z. B. Regenmäntel, wenn man sie zuerst leicht antrocknen lässt, dann zwei Stunden in eine Lösung aus 9 Teilen Wasser und 1 Teil essigsaure Tonerde legt. Hinterher nicht mehr spülen, sondern gleich aufhängen.

Hat man **wattierte Gegenstände** bei der Wäsche, so streut man eine tüchtige Hand voll Salz in das Spülwasser und lasse das Wäschestück darin liegen, damit die Watte sich wieder lockere. Bei wattierten Sachen ist es auch geboten, das Wasser nicht heiß zu verwenden, damit die Watte nicht zu sehr zusammenschrumpfen kann.

**Weichspüler:** Eine Tasse Essig im letzten Spülgang wirkt ausgezeichnet. Bei der Handwäsche neutralisiert Essig im Spülwasser die Seife und frischt außerdem die Farben auf. Wollpullover kann man mit einigen Teelöffeln Glyzerin im letzten Spülwasser weichspülen – sie kratzen dann auch nicht mehr.

**Wolldecken** verziehen sich leicht nach dem Waschen. Hängen Sie sie zum Dreieck gefaltet über die Leine, um das zu vermeiden.

**Das Waschen der Wollwäsche:** Zum Waschen der Wollwäsche gebrauche man nur Regen-, Schnee- oder Flusswasser. Dieses wird heiß gemacht und die fein geschnittene Seife darin aufgelöst. Zur Wollwäsche ist die Kaltwasserseife sehr zu empfehlen. Bei Verwendung von Kernseife nimmt man auf 8–10 Liter Wasser 1 ½–2 Esslöffel Salmiak.
In das Seifenwasser, welches so heiß sein muss, dass es die Hand erträgt, drückt man die Wäsche (nicht das Wasser über die Wäsche gießen) und lässt sie 15–20 Minuten weichen; hat man viele, so gibt man nicht alle gleichzeitig ins Wasser.
Stücke, die abfärben, werden einzeln gewaschen; z. B. wasche man erst naturfarbene Sachen, darauf die bun-

ten. Ehe man mit dem Waschen beginnt, gibt man in ein zweites Gefäß reines, heißes Wasser. Ist die Wäsche sehr schmutzig, nimmt man Seifenwasser. Beim Herauswaschen darf die Wäsche nicht gerieben, sondern nur gedrückt werden. Aus dem ersten Wasser wird sie sofort in das zweite gelegt, hierauf noch einige Mal in reinem, warmem Wasser geschwenkt, gut ausgedrückt, aber bitte nicht gewrungen, in ein Handtuch gerollt, links gemacht und langsam, weder im Sonnenschein noch am heißen Ofen, getrocknet.

**Feine wollene Sachen** wäscht man am besten mit Quillayarinde, da sie in dem scharfen Seifenwasser auf jeden Fall ihre Schönheit einbüßen würden. Für einen Eimer Wasser rechnet man ungefähr 10 g Quillayarinde. Einem kalten Eimer Wasser schüttet man dieses Quantum Rinde bei und lässt es über Nacht zugedeckt stehen. Am anderen Morgen gießt man das Wasser durch einen Durchschlag und wäscht die Sachen darin, wenn man sie 2–3 Stunden eingeweicht und in dem seifig erscheinenden Wasser stehen gelassen hat. Gute Flanellröcke und Jacken behandelt man auch wohl mit Marseiller Seife, von der man 100 Gramm zur Auflösung in einem Eimer lauwarmen Wassers braucht. Den zu waschenden Gegenstand legt man in die Seifenlösung und lässt ihn einige Zeit darin liegen, damit der Schmutz sich lösen kann. Um ein Filzen des Stoffes zu vermeiden, staucht und schwenkt man das Stück in dem Wasserbade hin und her, ohne es jedoch zu reiben.

Schäumt das Seifenwasser, so ist das ein Zeichen, dass die Seife den Schmutz gelöst hat, und man kann das Kleidungsstück in lauwarmem Wasser spülen und dann nochmals in kaltem Wasser nachspülen, damit alle Seifenteile daraus entfernt werden, die sonst die Wäsche gelb machen würden.
Infolge mangelnder (schlechte Zeiten!) Waschmittel ist es oft nicht möglich, schmutzige Wäsche sauber zu bekommen. Salmiakgeist, den man dem Wasser, in dem die Wäsche gekocht wird, beifügt, zieht den Schmutz heraus. Die Wäsche wird so bedeutend sauberer.

**Bügeleisen und Plättbrett** müssen vor dem Bügeln überprüft werden, ob sie tadellos sauber sind. Ist das Bügeleisen verschmutzt, so reinigt man es mit einem in Essig getränkten Läppchen oder mit einem mit Salz bestreuten Wattebausch. Wenn das Bügeleisen nicht gleitet, bestreicht man die heiße Lauffläche des Eisens mit einem Wachskerzenrest. Am besten sammelt man zu diesem Zwecke die Reste von Kerzen, gibt sie in einen kleinen Gazebeutel und streicht mit dem heißen Eisen darüber. Es bildet sich dann eine Platte, die durch den Stoff gut zusammengehalten wird und sich ganz allmählich verbraucht. Das Einwachsen trägt in erster Linie dazu bei, dass die Stärke nicht am Eisen kleben bleibt. Doch ist vor dem Wäschebügeln das Eisen über unbedrucktes saugfähiges Papier zu führen, um evtl. Wachsflecken vorzubeugen.
Wenn das Bügeleisen nicht gebraucht wird, muss es trocken und staubsicher aufbewahrt werden. Die

Wäsche sollte man nicht kurz vor dem Plätten einsprengen. Nach dem regelmäßigen Einsprengen mit einem Zerstäuber die Wäsche zusammenrollen und noch eine Weile liegen lassen, damit sie gleichmäßig durchfeuchtet wird.

**Rohseide und Waschseide** darf man nicht einsprengen, das gibt unfehlbar Flecken. Wenn Sie Ihr Bügelbrett mit einer dicken Aluminiumfolie bespannen – mit einem Moltontuch abgedeckt –, wird die Hitze von unten reflektiert und das Bügeln geht schneller. Stickereien bügelt man von links, nachdem man sie auf ein Frottiertuch gelegt hat.

# Stoffe, Schmuck und Kleidung

**Instandhaltung und sachgemäße Pflege der Kleidung.** Sitz und gutes Aussehen können durch sorgfältige Behandlung erhalten, die Lebensdauer der Sachen wesentlich verlängert werden. Wenn möglich, wechselt man häufig das Kleid oder den Anzug und hängt das Stück zum Lüften auf. Oft genügt schon der Feuchtigkeitsgehalt der Luft, dass Falten und Kniffe sich aushängen.
**Wollene Damenkleider und Mäntel** sowie viel getragene Herrenanzüge sollen jede Woche entstaubt werden, am besten klopft man sie mit einem Anzugklopfer gut durch und saugt mit der Staubsaugerbürste oder bürstet mit einer weichen Bürste von oben nach unten Bahn für Bahn den losgeklopften Staub ab.
Flecken sind sofort zu entfernen, ehe sie alt werden und sich im Gewebe festsetzen.
Bei gründlicher Reinigung von durch Schnee oder Regen verdorbenen oder speckig gewordenen Sachen nimmt man Wasser und Bürste zur Hilfe. Nachdem die Kleidungsstücke entstaubt sind, entfernt man die nun gut sichtbaren Flecken mit einem Fleckwasser. Dann bürstet man sie mit einer Lösung lauwarmen Wassers, dem ein Schuss Salmiakgeist und ein Schuss Essig beigemengt sind, und dämpft sie schließlich mit einem sehr heißen Eisen über feuchtem Tuch ab. Dabei bürstet man ab und zu den noch dampfenden Stoff leicht dem Strich nach, die Wollfasern werden so gelockert und der Stoff erscheint wie neu.

Ehe das so abgedämpfte Kleid wieder in den Schrank gehängt wird, muss es an der Luft trocknen.
Sachgemäße Aufbewahrung trägt viel zum guten Aussehen der Kleidung bei.
**Reißverschlüsse** an Röcken sollen beim Aufhängen immer geschlossen sein, der Rock stets zu beiden Seiten des Bügels an kleinen Einschnitten oder Häkchen aufgehängt werden. Wird in der Mitte des Bügels noch eine Schnappklammer angebracht, so hängt der Rock tadellos glatt und kann sich nicht verziehen.
Über das helle Kleid, die zarte Spitzenbluse wird eine Hülle gezogen, ein Quadrat aus leichtem Stoff mit einem geschürzten Loch in der Mitte, durch das der Bügelhaken gezogen wird. Strickkleider oder Pullover hängt man nicht auf, sondern legt sie – um die Form zu wahren – zusammengefaltet in den Schrank.
Die hässlichen Querfalten, die sich leicht beim Sitzen an knapp anliegenden Röcken bilden, und das Ausbeulen der geraden Kostümröcke kann man vermeiden, wenn man den Rock beim Hinsetzen an den Hüften ein wenig hochzieht. Auch sollte beim Sitzen, besonders im Büro, stets ein flaches Kissen oder ein Sitzfilz untergelegt werden, der das Glänzendwerden des Stoffes verhindert.

**Badekappen** halten garantiert länger, wenn man gleich nach dem Kauf das Kappenband mit Vaseline einreibt und dies ab und zu wiederholt.

**Cordsamt** kann man gut mit Terpentingeist reinigen. Verreiben Sie ihn mit einem Lappen so lange auf dem Stoff, bis er sich verflüchtigt hat.

**Das Färben von Kleidung (aber auch von Ostereiern) mit Naturfarben:**

**Birkenlaub (grüngelb):** 250 g frisches Birkenlaub werden in 2 Liter Wasser eine Stunde lang gekocht. 50 g Färbegut beizt man in einer Lösung von 10 g Alaun auf 2 Liter Wasser eine halbe Stunde lang, dann gibt man es in die durchgegossene Farbbrühe und kocht es eine Stunde lang darin.

**Heidekraut (braun):** Blühendes, zerkleinertes Heidekraut wird einige Zeit in Wasser gekocht und die Brühe abgegossen. Das Färbegut wird vorher in Alaun gebeizt. Man rechnet auf 50 g Wolle 10 g Alaun, d. h., man lässt es eine Stunde in dieser Beize liegen und kocht es dann eine Stunde in der Farblauge.

**Rote Rüben (karminrot):** Die gut gewaschenen Schalen der roten Rüben werden ordentlich ausgekocht. Die abgegossene Flüssigkeit ergibt ein sehr kräftiges Färbemittel, das man je nach Wunsch mit mehr oder weniger Wasser verdünnt.

**Sauerampfer (Maisgelb):** 200 g Sauerampfer kocht man in 2 Liter Wasser aus. 50 g Färbegut werden in 2 Liter Wasser mit 6 g Alaun gebeizt und eine Stunde langsam in der Farbbrühe gekocht.

**Spinatbrühe (hellgrün):** Der Saft von zusammengefallenen Spinatblättern wird abgegossen und das Färbegut hineingegeben.

**Äußere Schalen von Walnüssen oder Erlenrinde (braun):** Zerkleinerte Walnussschalen oder die sorgfältig abgelöste Rinde junger Erlenzweige (auch zerkleinert) werden 3–4 Stunden ausgekocht. Dann gießt man die Farbbrühe ab und gibt das Färbegut hinein, das etwa 2 Stunden darin gekocht wird.
**Zwiebelschalen (ockerfarben):** Zwiebelschalen, die Menge richtet sich nach der helleren oder dunkleren Schale der Zwiebeln und nach dem gewünschten Farbton, werden ausgekocht. Baumwollene und kunstseidene Stoffe kocht man mit dem abgegossenen Saft durch, seidene und wollene Stoffe werden kalt angesetzt und bis ans Kochen gebracht.
Selbst gefärbte Stoffe werden **waschecht,** wenn man sie nach dem Färben im Essigbad eingeweicht hat.

**Angorastricksachen** dürfen nur lauwarm oder sogar kalt mit Feinwaschmittel gewaschen werden. Niemals reiben und wringen, sondern nur sanft ausdrücken und dann klar spülen, in ein Handtuch wickeln, danach möglichst liegend trocknen. Trocken gegen den Strich mit einer ganz weichen Bürste bürsten, damit sich die Härchen wieder aufrichten.

**Farbechte Gewebe:** Prüfen Sie die Farbechtheit des Gewebes, um zu verhindern, dass Sie eine ganze Waschmaschinenfüllung Wäsche verfärben. Weichen Sie dazu einen Zipfel des Wäschestücks in Waschwasser ein. Auch wenn Sie ein Stück des feuchten Stoffes auf einem weißen Papier verreiben, sehen Sie sofort, ob der Stoff farbecht ist.

**Daunenjacken** kann man mit einem Tennisball in der Trommel waschen. Der Ball sorgt dafür, dass die Daunen nicht verkleben.

Wenn man von seinen **Federbetten** lange etwas haben will, müssen sie gewissenhaft gepflegt werden: Um die Füllung zu lüften und zu lockern, muss das Bettzeug täglich aufgeschüttelt werden.
Das Federbett sollte nur bei trockenem Wetter zum Lüften hinausgehängt werden.
Pralle Sonne oder die Nähe der Heizung schadet, da sie den Federn die zelleigene Feuchtigkeit entzieht – das Federbett wird leicht spröde.
Es sollte auch nicht geklopft und abgesaugt werden.
Bewahren Sie Ihr Federbett nicht luftdicht verpackt auf, sondern in einem alten Bettbezug.
Die Reinigung muss in Spezialgeschäften geschehen, bei Kopfkissen alle 3 Jahre, bei den Zudecken alle 6 Jahre.

**Filzhüte waschen:** Man reibe die Filzhüte mit einem Flanelllappen rein, der in mit lauwarmem Wasser verdünntem Salmiakgeist getaucht ist; der Flanelllappen muss, sobald er schmutzig ist, erneuert werden. Der Hut muss dann mit einem weichen leinenen Tuch trockengerieben werden. Nach der Reinigung bürste man den Hut glatt. Man vermeide, denselben nass zu machen, da er sonst die Form verliert. Schmutziges Hutleder reinigt man mit einer Mischung, welche aus 10 Teilen Wasser und 1 Teil Salmiakgeist besteht. Mittels eines Schwammes reibt man das Leder ab.

**Reinigen von Glacéhandschuhen:** Glacéhandschuhe werden je nach den Farben sortiert; dass etwaige Schäden, wie Knöpfe annähen, offene Nahtstellen, erst ausgebessert werden müssen, ist selbstverständlich. Man gibt Benzin in ein kleines Näpfchen und zwar so viel, dass der Boden gut bedeckt ist, und stellt dieses in ein Schüsselchen mit heißem Wasser, um das Benzin etwas zu erwärmen, da dadurch der Schmutz leichter gelöst wird. Dann weicht man die Handschuhe ein und deckt den Napf zu. 15–20 Minuten lässt man die Handschuhe weichen; sie werden dann herausgenommen, ausgedrückt und in einen zweiten Topf mit Benzin gelegt und mit einem Läppchen die schmutzigen Stellen abgerieben. Gut ausgedrückt werden sie auf ein Leinentuch gelegt, abgerieben und ins Freie gehängt, um den Benzingeruch wegzubringen. Nach dem Trocknen werden die Handschuhe angezogen oder über ein Handschuhholz gezogen und nochmals strichweise abgerieben.
Diese Reinigung ist am Platze, wenn die Handschuhe sehr schmutzig waren. Andernfalls genügt auch eine einfache Reinigung. Man zieht die Handschuhe an, taucht ein Läppchen in Benzin und reibt die schmutzigen Stellen gut ab.
**Dunkle Handschuhe** werden gereinigt, wie oben angegeben, wobei das zu den hellen Handschuhen benutzte Benzin aufgebraucht werden kann. Nach dem Reinigen werden dunkle Glacéhandschuhe nicht trockengerieben, da dadurch helle Flecken entstehen würden.

**Handschuhe:** Wenn Handschuhe durch das Waschen zu eng geworden sind, legt man sie zwischen feuchte Leinenlappen und lässt sie einen ganzen Tag darin liegen. Nachher zieht man sie an, sie weiten sich in dem durchfeuchteten Zustand beliebig aus.

**Handtaschen** und **Aktentaschen** aus hellem Rindsleder lassen sich leicht reinigen durch ein nicht zu nasses Abreiben mit einer schwachen Kleesalzlösung (1 Teelöffel auf 1 Glas Wasser).
Kleesalz oder -säure ist eine zehnprozentige Oxalsäure.

**Hutfedern kräuseln:** Man lockt sie mit einem stumpfen Messer oder einer Schere auf die vordere Seite zu und zieht sie dann über Zuckerdampf, wovon sie sehr voll und schön werden.

**Hutleder reinigen:** Man bereitet eine Mischung von 10 Teilen Salmiakgeist zu 100 Teilen Wasser, wäscht mit dieser mittels eines Schwammes das Leder, so wird sich alles Fett auflösen und das Leder gänzlich rein erscheinen. Auf diese Art und Weise kann man auch Rockkragen säubern, die ja auch leicht fettig werden.

**Verknitterte Krawatten:** Da man Krawatten grundsätzlich nicht bügeln sollte, behelfen wir uns folgendermaßen: Man steckt eine Pappschablone in die Krawatte und hält sie über Wasserdampf – sie wird sofort wieder glatt.

Um **schwarzes Lackleder** gut zu erhalten, bedient man sich folgender Zusammensetzung: 7 Teile gereinigtes Wachs, 3 Teile kohlensaures Natron, ein genügendes Quantum Pflanzenkohle. Diese Mischung gibt einen Lack, der einen ausgezeichneten Glanz gibt und das Lackleder konserviert.

**Leder** ist ein Naturprodukt und muss atmen können. Deshalb sollten Sie Lederkleidung nie im Plastikbeutel aufbewahren. Nehmen Sie lieber einen Baumwollsack.

**Flecken auf bunten Ledergürteln** verschwinden, wenn Sie etwas Hirschhornsalz in heißem Wasser lösen und damit den Fleck so lange reiben, bis Schaum entsteht. Mit einem weichen Tuch trockenreiben.

**Hart gewordene Lederhandschuhe** werden wieder weich, wenn man dem letzten Spülwasser einen Löffel Olivenöl zugibt. Man sollte sie sowieso nur mit Kernseife waschen, die eine rückfettende Wirkung hat. Die Seife nicht ganz herausspülen!

**Gedrückte Pelze wieder auffrischen:** Man nehme einen nassen Schwamm, befeuchte damit tüchtig den Pelz, bürste die nassen Teile strichweise und hänge den Pelz zum Trocknen auf.

**Pelzkragen** reinigt man mit feinem Sand, der über einer Flamme erhitzt wurde. Das Pelzwerk damit abbürsten und links vorsichtig ausklopfen.

**Nasse Pelzmäntel** trocknet man nicht am Ofen, sondern hängt sie auf einen Bügel in normale Zimmertemperatur.

**Auffrischen und Säubern von Pelzwerk:** Pelzwerk, welches durch langes Tragen filzig oder fettig geworden ist, lässt sich auf folgende Weise hübsch auffrischen. Man erhitzt Weizen- oder Roggenkleie in einem Gefäß, bringt die erhitzte Kleie so heiß als möglich auf das Pelzwerk, reibt, knetet und schüttelt dieselbe darauf durch, damit die Kleie allen Schmutz und alle Fettigkeit an sich ziehen kann. Man kann sich zum Durcharbeiten der heißen Kleie auch einer Bürste bedienen. Wenn nötig, wiederhole man das Verfahren.

Ein Wort für den unentbehrlichen **Regenschirm!**
Der Regenschirm gilt beinahe jedem als das wohl unentbehrliche, aber doch recht unbequeme Stück, wenn man es herumtragen muss. Man muss ab und zu daran erinnern, dass ein Regenschirm sorgsam behandelt werden muss, wenn er lange gut aussehen soll. Ein in den Schmutz gefallener Schirm muss erst trocknen, ehe man ihm zu nahe kommt. Dann bürstet man die Flecken mit sauberer Bürste aus dem aufgespannten Schirm heraus. Was geschieht aber mit einem Fettfleck? Wenn er noch frisch ist, streut man etwas Pulver aus Schneiderkreide darauf, es wird die Fettigkeit herausziehen. Führt dies nicht zum Ziel, so versucht man, mit einem gleichfarbigen Stoffstückchen, das in Terpentin getaucht wurde, den Fleck auszureiben. Dass der nasse Schirm immer aufgespannt trocknen soll, ist bekannt,

wird aber längst nicht immer beachtet. Bei neuen Schirmen ist das besonders wichtig, da deren Bezüge leicht zu eng werden, wenn man sie nass zusammengefaltet stehen lässt.
Und eine selbstverständliche Forderung ist, dass man nur über den sorgsam getrockneten Schirm die Hülle streift.
Sehr gut lassen sich Schranktüren zur Aufbewahrung der Schirme ausnützen. Man fertigt aus haltbarem Stoff etwa 10 Zentimeter breite Bänder, die oben und unten in Abständen an der Schranktür befestigt werden, und zwar so, dass die Schirme wie in einer Tasche von ihnen getragen werden.
**Noch ein Tipp für Sparsame:** Bevor man einen kaputten Schirm wegwirft, sollte man die Abdeckstöpsel an den Spitzen der Schirmspeichen abnehmen und aufheben. Man kann damit andere Schirme reparieren, indem man den Stoff wieder am Speichenende festnäht und einen verlorenen Stöpsel mit einem aufbewahrten ersetzt.

**Samt** aufzufrischen gelingt am besten durch Dämpfen über einem Topf kochenden Wassers (evtl. etwas Salmiakgeist zugeben); nachher klopft man den Stoff mit einem Rohrstöckchen auf der Rückseite oder bürstet ihn vorsichtig. Flecken müssen vorher immer entfernt werden. Nass gewordene Samthüte bitte nicht abtrocknen, sondern nur abschütteln und dann zum Trocknen aufhängen.

**Einiges zur Reinigung und Pflege kostbarer Schmuckstücke:**

**Beinerne Gegenstände kitten (Elfenbein, Horn usw.):** Die Bruchflächen für einige Augenblicke in Essigsäure tauchen, zusammenbinden und trocknen lassen.

**Bernstein** kittet man durch Bestreichen der Bruchstellen mit Ätzkali und festes Zusammendrücken der aufeinander gepassten Bruchstücke.

**Bernsteinschmuck** lässt sich gut mit reinem Weingeist reinigen und dann mit einem weichen, trockenen Lappen nachpolieren. Nicht im Weingeist liegen lassen, sonst wird der Stein trüb.

**Brillanten reinigen:** Die Edelsteine bürstet man mit Eau de Cologne und einer weichen Bürste ab, trocknet sie dann mit einem feinen dünnen Leinwandläppchen und verwahrt sie am besten noch einige Zeit in trockener Watte auf. Man kann auch einige Flocken milder Seife und einige Tropfen Salmiakgeist in einen Topf kochenden Wassers geben. Dann legt man die Brillanten in ein Metallsieb und taucht sie einige Sekunden in kochendes Wasser. Nachdem sie abgekühlt sind, werden sie noch gespült und dann für 10 Minuten in eine kleine Schüssel mit Alkohol gelegt. Hinterher mit einem Leinentuch trocknen.

Gegen **Flecken auf Elfenbein** hilft Salmiakgeist. Ein gutes Reinigungsmittel ist Zitrone, deren Schnittfläche in Salz getaucht wurde. Der Belag bleibt eine halbe Stunde auf dem Elfenbein, dann abwaschen und nachspülen.

**Gelb gewordenes Elfenbein reinigen:** Man reibe das Elfenbein so lange mit pulverisiertem Bimsstein und einem feinen Lederlappen, bis es seine ursprüngliche Farbe wieder erhalten hat. Oder: Man umwickle zuerst den Elfenbein-Gegenstand mit einem stark fettigen Lappen und lege ihn 2–3 Stunden an einen heißen Ort. Dann koche man ihn in einer Mischung aus $^1/_8$ Wasser, $^1/_8$ Weinstein und $^1/_8$ Pottasche eine halbe Stunde lang. Man kann auch das umwickelte Elfenbein in einer Mischung aus Weinstein und Lauge kochen.

**Goldsachen säubern:** Im Prinzip lässt sich Gold auf die gleiche Weise wie Silber reinigen. Man legt die Schmucksachen behutsam auf weiches Leder und reibt sie vorsichtig mit einem weichen Leder mit so genanntem Pariser Rot ab. Sind Edelsteine in der Fassung, so werden sie mit Schwefelmilch, die mit Weinstein angefeuchtet ist, mit einem Samtläppchen abgerieben. Die Goldfassung umwickelt man inzwischen mit leichten Seidenläppchen. Goldwaren reinigt man in heißem Seifenwasser, dem man ein wenig Salmiakgeist zugesetzt hat. In klarem Wasser nachspülen und gut trocknen. Stark verschmutzte oder gedunkelte Goldgeräte oder Schmuckstücke erhalten ihren Glanz wieder, wenn Sie sie mehrere Stunden in dunkles Bier legen.

**Goldene Ketten reinigen:** Man lege die Kette in eine kleine Flasche mit etwas warmem Wasser, setze etwas geschabte Seife und Kalkpulver hinzu und schüttle dann die Flasche eine Minute lang tüchtig. Dann nimmt man die Kette heraus, wäscht sie in reinem Wasser und trocknet sie ab. Sie wird dann einen schönen Glanz zeigen. Wenn Gold matt geworden ist, tut es oft Wunder, wenn man sie mit Zwiebelsaft einreibt, einige Stunden so liegen lässt und mit weichem Lappen nachpoliert.

**Korallenschmuck** sollten Sie ab und zu für einige Stunden in eine Kochsalzlösung legen. Hinterher sorgfältig trockenpolieren. Der Schmuck glänzt wie neu.

**Perlen** werden durch Berührung mit Hautfett, Cremes und Seife leicht stumpf. Man sollte sie daher nach jedem Tragen mit einem Leinenläppchen abreiben und gelegentlich auch mit Waschbenzin. Perlen sollten regelmäßig getragen werden – die pralle Sonne tut ihnen jedoch nicht gut.

**Gelb gewordene echte Perlen reinigen:** Die Perlen werden 5 Minuten in eine Tasse mit lauwarmem Weinessig getan, dann mit frischem Wasser abgespült und diese Prozedur zwei- bis dreimal wiederholt.

**Perlen oder Perlmutt** legt man eine Weile in kochendes Wasser, wenn man vorher eine Mischung von je einem Teil Weizenkleie und zwei Teilen zerkrümeltem Schwarzbrot dick darauf aufgetragen hat. Gegenstände aus

Perlmutt dürfen niemals mit Seife gereinigt werden, sondern nur mit weißem Ton und Wasser, da die Seife die schöne Politur wegnimmt. Knöpfe aus Perlmutt sollte man gelegentlich mit Zitronensaft oder Essig abreiben, damit sie ihren schönen Glanz wieder erhalten.

Perlen im Schmuckkasten in einem Tüchlein aufbewahren, damit sie nicht von dem anderen Schmuck zerkratzt werden.

**Silberdraht oder Filigran** wird wieder wie neu, wenn man es in Salmiakgeist taucht und dann in reinem Wasser spült. Dann legt man es in Sägespäne, die man nach dem Trocknen herausbürstet.

Das Wasser von geschälten Kartoffeln gibt ein vorzügliches Putzmittel für **Silberschmuck.**
Mit einem Ziegen- oder Schaflederläppchen lässt sich Silber ausgezeichnet polieren.

**Silberschmuck** kann zur Aufbewahrung in Stanniolpapier eingewickelt werden, damit er nicht mehr so schnell anläuft.

**Silberketten** kann man in ein kleines Baumwoll- oder Leinensäckchen einnähen und mit der Kochwäsche mitwaschen. Sie werden staunen, wie blank das Silber hinterher glänzt.

**Silber reinigen:** Man reibe pulverisiertes Hirschhorn mittels eines feinen, weichen Lederlappens auf das zu reinigende Silber ein. Dann trocknet man Letzteres mit einem leinenen Tuche sorgfältig nach.

**Die Pflege der Schuhe.** Durch sachgemäße Behandlung und Pflege kann die Lebensdauer der Schuhe wesentlich verlängert werden. Außerdem ist das Aussehen der Schuhe entscheidend für den Eindruck des ganzen Menschen. Deshalb sollten einige Grundsätze stets beachtet werden: Neue Schuhe sollen auf jeden Fall vor dem ersten Gebrauch mit einer farblosen, Wasser abstoßenden Creme eingerieben werden, damit sie im Gebrauch keine Wasserflecken annehmen. Creme wird ganz leicht aufgetragen und dann mit einem weichen Lappen verrieben. Dann braucht man die Schuhe erst wieder einzureiben, wenn sie Flecken bekommen haben oder nass geworden sind.
**Wildleder** wird mit einer Stahlbürste oder mit Schmirgelpapier behandelt, doch sollte man zu häufiges Reiben vermeiden und stattdessen lieber erst eine weiche Gummibürste nehmen, damit die feinen Ledersorten nicht angegriffen werden. Nur wenn die Farbe heruntergegangen oder der Schuh blank geworden ist, reibt man ihn mit der Stahlbürste und pudert ihn dann leicht ein.
Schuhe nie ungereinigt wegstellen! Man entfernt den Schmutz je nach Art der Schuhe mit Lappen, weicher oder kräftiger Bürste, aus jeder Rille zwischen Sohle und Oberleder mit einem glatten Hölzchen, nie mit

einem Messer. Man nimmt für verschiedenartige und -farbige Schuhe nie die gleichen Lappen und Bürsten. Die Schuhpflegemittel werden gut verschlossen, damit sie nicht eintrocknen. Die gute Passform kann durch Aufziehen auf Leisten oder Spanner erhalten werden. Damit die getragenen Schuhe gut austrocknen und auslüften können, wechselt man sie im Tragen ab.

**Feuchte Schuhe** sollen nie zu nahe am Ofen oder auf der Heizung trocknen. Nach dem Ausziehen werden die nassen Schuhe auf Spanner gezogen oder mit Zeitungspapier ausgestopft, dann auf die Seite gelegt, damit auch die Sohlen gut trocknen können. Da Feuchtigkeit Schimmelbildung verursacht, stellt man die Schuhe nebeneinander, nicht übereinander und am besten in einen Schuhschrank.

**Sehr nass gewordenes Schuhwerk** wird mit Haferkörnern gefüllt. Der Hafer saugt die Flüssigkeit schnell ein und kann getrocknet in einem Säckchen aufbewahrt und das nächste Mal für den gleichen Zweck wieder verwendet werden.

Um das lästige Faltigwerden des Schuhfutters zu vermeiden, pudere man das Schuh-Innere, besonders nach langen Wanderungen, häufig mit Talkum ein und lasse es über Nacht so stehen. Und stets muss jeder Schuh wieder auf den Leisten.

**Gummistiefel** kann man mit einer Ammoniaklösung einreiben, um das Brechen zu verhindern. Vor allem aber darf man Gummischuhe nie in der Nähe des Ofens oder der Dampfheizung trocknen, da sie, wie auch Lederschuhe, dann unansehnlich werden und leicht

brechen. Sie bleiben auch elastisch, wenn man sie mit einigen Tropfen Glyzerin einreibt.
Überhaupt ist es immer ratsam, mehrere Paar Schuhe im Gebrauch zu haben und sie bei Regenwetter langsam trocknen zu lassen.

**Die haltbare Schuhsohle.** Die kluge Hausfrau baut vor! Die Schuhsohlen der Kinder sind zu schnell durchgelaufen. Sie bestreichen die neue Sohle, nachdem Sie sie mit Sandpapier abgezogen haben, dünn mit Tischlerleim. Ist der Leim gut getrocknet, so wiederholen Sie das Verfahren ein zweites Mal. Ein ebenso gutes Mittel finden Sie im mehrmaligen Bestreichen der aufgerauten Sohlen mit Terpentin oder Firnis.
Verfahren, um Ledersohlen undurchdringlich zu machen: Man tut in einen Topf einen genügenden Teil guten Teers und etwas in dünne Streifen geschnittenen Gummielastikum, welchen man vorher in Dämpfen von kochendem Wasser aufgeweicht hat. Nun setzt man den Topf an ein gelindes Feuer und rührt mit einem hölzernen Löffel diese Mischung um, wobei man das Überlaufen des Teers zu verhindern suchen muss. Sobald der Gummi vollständig aufgelöst ist, trägt man mittels eines Pinsels die Masse auf die Sohlen auf, bis die Schicht die Stärke einer dünnen Pappe erreicht hat.
Wenn die Lackschuhe etwas an Glanz verloren haben, ist es eine Kleinigkeit, sie selbst wieder aufzufrischen. Man wäscht sie erst mit lauwarmem Wasser ab, dann taucht man ein Schwämmchen in Milch, geht damit über das ganze Leder und lässt die Feuchtigkeit ein paar Minuten einziehen. Zum Schluss trocknet und

reibt man sie sorgfältig mit einem sauberen Tuch ab, und das Lackleder wird wieder seinen alten Glanz haben. Auch das Einreiben mit Vaseline macht Lackleder wieder geschmeidig.
Mittel zur Verhütung des Brüchigwerdens des Leders: Man bereite zeitweise eine starke Eichenrinden-Abkochung und weiche das betreffende Schuhwerk, das freilich nur einzig und allein aus Leder bestehen muss, darin ein. Nach der Trocknung desselben schmiere man es dann noch mit Vaseline ein, wodurch das Leder wieder geschmeidig und biegsam wird. Statt der Vaseline kann man auch Rizinusöl dazu verwenden, wodurch das Leder sehr gekräftigt und dauerhaft gemacht wird.
Das **Pelzfutter** in Stiefeln braucht manchmal eine Reinigung. Schütten Sie Talkumpuder in die Schuhe und lassen Sie das Pulver einige Stunden einwirken. Hinterher wird es wieder kräftig ausgeschüttelt.

**Streusalzränder** werden sehr gut von Schuhen entfernt, indem man sie mit einer Lösung aus gleichen Teilen Essig und Wasser reinigt.

**Schneeränder** beseitigt man am besten von Schuhen durch Abreiben mit Petroleum.

**Schwarze Schuhe putzen mit Orangen:** In den Ländern, in denen die Orangen in Massen wachsen, werden die billigsten Sorten zum Putzen der Schuhe auseinander geschnitten, die Schnittfläche über einen rußigen Gegenstand geführt und der schwarze Schuh mit der

Orangenfläche abgerieben und hinterher mit einer weichen Bürste abgebürstet. Die Schuhe erhalten daraufhin einen klaren und tiefschwarzen Glanz.

Wenn Sie eine rohe Kartoffel in das Wasser reiben und darin **filzige Socken** über Nacht einweichen, werden die Socken wieder weich.

**Weiße Socken** werden viel weißer, wenn Sie dem Waschwasser eine Zitronenscheibe zufügen.

**Weiße Spitzen** sollten Sie vor dem Bügeln mit Reiskochwasser anfeuchten. Sie werden dann besonders schön hell.

**Weiße Strohhüte waschen:** Man legt den Hut auf den Tisch und reibt ihn gründlich mit einer durchgeschnittenen Zitrone ab. Für einen großen Hut braucht man zwei Zitronen. Es ist erstaunlich, wie der Saft den Hut reinigt. Ist er gleichmäßig frisch geworden, legt man ihn in die Sonne zum Trocknen. Dann nimmt man ein nasses Tuch, legt dieses auf den Hut und bügelt ihn, um ihm die ursprüngliche Form wiederzugeben, mit einem heißen Eisen. Florentiner Hüte werden nach der Behandlung wie neu.

**Unsere Strümpfe.** Die meisten Damen tragen ja nur noch Seiden- und Florstrümpfe. Und viele von uns haben eine besondere Fertigkeit im Zerreißen. Darum sollte man schon beim Anziehen der Strümpfe sorgfältig

sein. Ganz falsch ist es, den Strumpf bereits heftig nach oben zu ziehen, wenn unten der Fuß noch nicht vollständig im Strumpfende liegt. Am besten ist es, den Strumpf mit beiden Händen anzufassen und die ganze Länge zusammenzufälteln, bis nur noch die Strumpfspitze herausschaut. Dann zieht man vorsichtig über Zehen und Ferse und schließlich das Bein entlang.
Beim Stopfen Ringe an der Hand zu tragen, ist nicht ratsam, da sie sehr leicht im Gewebe hängen bleiben und es zerreißen. Beim Sitzen soll man auch die Beine möglichst wenig mit dem Stuhlfuß in Berührung bringen, weil das feinmaschige Gewebe sehr leicht in der Holzfaserung hängen bleibt und zerreißt.
Tragen soll man die Strümpfe nie länger als zwei Tage, weil die Ausdünstung der Haut das Gewebe hart macht und dieses dann bedeutend leichter bricht. Frisch gewaschen dagegen ist es wieder elastisch und dauerhaft.
Über das Waschen der feinen Strümpfe weiß ja jede Hausfrau Bescheid. Nur können es viele immer noch nicht lassen, das feine Gewebe zu reiben, während man das doch nie machen soll, sondern man knetet die Strümpfe nur im Seifenschaum rechts und links und spült – zur Erhaltung der Farbe und des Glanzes – im lauwarmen Essigwasser nach. Dadurch halten sie auch länger.

**Herrensocken**, die schweißig und verfilzt geworden sind, werden ein bis zwei Tage in kaltem Wasser eingeweicht und gut mit heißem Seifenwasser durchgewaschen, dann in heißes Schwenkwasser gegeben, so lange, bis sie darin auskühlen. Im Schatten trocknen und feucht bügeln.

**Strümpfe** dürfen nach dem Waschen nicht ausgewrungen werden, sondern sie werden am besten von der Fußspitze an zusammengerollt und ausgedrückt, damit sie besser in Form bleiben.

**Wachsdecken** sollen nie mit heißem Wasser gereinigt werden. Man reibe sie lieber mit einer schwachen Seifenlauge ab und reibe sie nach dem Trocknen mit einem in Öl getränkten Lappen ab, um sie vor dem Brüchigwerden zu schützen.

**Waschen mit der Bürste:** Hat man sich Flecken in Sommerkleider gemacht und möchte dieselben nicht in die Wäsche geben, so nimmt man kaltes oder laues Wasser und zwei reine harte Nagelbürsten. Die eine davon soll man einseifen (am besten mit Mandelseife), die andere nicht. Erst reibt man mit der eingeseiften Bürste den Fleck aus, dann spült man sozusagen mit der nicht geseiften nach. Es ist wunderbar, wie schnell man so die Flecken herausbekommt. Man legt am besten das Kleidungsstück zum Waschen auf einen mit einem weißen Tuch bedeckten Tisch.
Sehr oft ist ein helles Kleid noch durchaus sauber, hat aber durch das Anlehnen an eine Bank schwarze Flecken auf dem Rücken erhalten. Solche Flecken kann man leicht mit der Bürste herauswaschen und das Kleid dann noch einmal tragen.

**Reinigen von Waschlederhandschuhen, Fenster-, Möbel- und Putzleder:** Man weicht die Leder in lauwarmem Seifenwasser (Kernseife) ein, wäscht sie tüchtig durch und spült sie in reinem Seifenwasser nochmals nach. Seifenwasser hat den Vorteil, dass die Leder durch den Seifengehalt wieder eingefettet werden, während die im klaren Wasser gespülten nach dem Trocknen hart und brüchig werden. Waschlederne Handschuhe und Leder hängt man zum Trocknen über eine Schnur. Um das Leder weich zu erhalten, nimmt man die Gegenstände halb trocken ab, reibt sie tüchtig durch und lässt sie dann erst vollends trocknen.

**Wildleder-Handschuhe** wasche man derartig, dass man sie anzieht und in lauwarmem Seifenwasser auswäscht. Zum Nachspülen ebenfalls Seifenwasser (am besten Kernseife) benützen, hernach zum Trocknen aufhängen. Dadurch, dass man Seifenwasser als Spülwasser benützt, bleiben die Handschuhe weich.

**Wollhandschuhe** werden wasserdicht, wenn man sie in eine Lösung mit essigsaurer Tonerde eintaucht, noch feucht leicht bügelt und dann zum Trocknen auf die Leine hängt.

# Haushalts-ABC

## Möbel und Wohnung

Wenn der **Abfluss** verstopft ist oder um dies zu vermeiden, hilft es, wenn man wöchentlich eine Tasse kochendes Wasser mit einer Hand voll Salz hineingießt. Auch ein Glas Cola wirkt Wunder. Wenn Sie diese Mittel ab und zu anwenden, können Sie auf chemische Rohrreinigungsmittel verzichten. Kochend heißes Kartoffelwasser reinigt ebenso den Abfluss.

**Absatzspuren** auf Holz- oder Kunststoffböden lassen sich mit Petroleum oder Terpentin wegwischen. Ein Radiergummi hilft meist auch.

**Armaturen** kann man mit einem in Petroleum getauchten Stück Stoff reinigen. Kalkflecken werden dadurch leicht entfernt und der unangenehme Geruch verfliegt schnell wieder. Auch mit Zitronensaft lassen sich Armaturen ausgezeichnet polieren.

**Badewanne** und Waschbecken bekommt man, auch wenn sie stark verschmutzt sind, wieder sauber mit einer Paste aus Wasserstoffsuperoxid, pulverisiertem Weinstein und etwas Wasser. Mit einer Bürste fest einreiben, einwirken lassen und dann mit Wasser gut abspülen. Auch Salmiakgeist wirkt Wunder. Vergilbte Wannen und Becken werden wieder weiß, wenn man sie mit einer Lösung aus Salz und Terpentin reinigt. Essig ist bekannterweise ein gutes Mittel gegen Kalkflecken. Wenn man nach der Reinigung Kacheln, Badewanne und Waschbecken mit Autowachs einreibt, den Sie dann wieder abpolieren, strahlt das ganze Bad und Wasserflecken lassen sich mühelos wegwischen.

**Bambusmöbel** reinigt man mit einem in Petroleum getränkten Lappen.

**Bilder** an der Wand hinterlassen hässliche Schmutzränder. Die Ränder lassen sich mit einem Radiergummi ganz leicht wegradieren.

Wenn man **Bildernägel** in kostbare Tapeten einschlägt, sollte man vorher an der gewünschten Stelle zwei winkelartige Schnitte in die Tapete vornehmen und das entstandene Dreieck vorsichtig zurückklappen. Dann schlägt man mit einem dünnen langen Nagel versuchsweise ein Loch in die Wand. Findet der Nagel Halt, so zieht man ihn vorsichtig heraus und schlägt den starken Nagel oder Haken ein. Findet er keinen Halt, klebt man das gelöste Tapeteneckchen einfach wieder auf und versucht es auf die gleiche Weise an einer anderen Stelle.

Kleine **Brandlöcher** von Zigaretten im Holz kann man mit Mayonnaise bestreichen, dann einwirken lassen und mit einem weichen Tuch abwischen. Größere Stellen kann man mit Siegellackstift oder Holzpaste vorsichtig ausbessern.

Wenn Sie die Cerankochplatte einmal wöchentlich dünn mit Vaseline einreiben, müssen Sie keine teuren Reinigungsmittel kaufen.

**Chrom** bringt man auf Hochglanz, wenn man es mit einem in Salmiakgeist getauchten Tuch abwischt und nachpoliert.

**Duschvorhänge** kann man mit einigen alten Handtüchern oder Putzlappen bei 30 Grad in der Waschmaschine im Gardinenwaschgang waschen – ohne Schleudergang. Dann tropfnass aufhängen.
Um **Stockflecken und Schimmel** vorzubeugen, kann man die Vorhänge vor dem Aufhängen noch in Salzwasser legen. Kleinere Stockflecken können mit Natron entfernt werden.
**Glastüren an der Dusche** werden wieder glänzend, wenn man sie mit einem Schwamm einreibt, der mit Essig getränkt ist.

Verkalkte **Duschköpfe** aus Metall sollte man in Essigwasser – zu gleichen Teilen gemischt – 15 Minuten kochen; Kunststoff lieber in heißem Essigwasser über Nacht einlegen. Wenn sich Duschköpfe nicht mit der Hand abschrauben lassen, klebt man einige Lagen Kreppband darüber und löst sie dann mit einer Zange. Auf diese Weise wird das Chrom nicht verkratzt.

**Eichene Möbel entfetten:** Die Fettflecken auf Eichenmöbeln werden mit warmem Bier tüchtig abgewaschen.

Dann reibt man die schadhaften Stellen mit einer Mischung von in warmem Bier aufgelöstem weißen Wachs und klarem Zucker. Zuletzt poliert man sie tüchtig mit einem wollenen Lappen nach.

**Fegen:** Wenn man selten gereinigte Räume wie Keller, Dachboden oder Garage fegt, kann man die schlimme Staubentwicklung vermeiden, indem man mit Sägemehl ausfegt, das den Staub bindet.

Das Gefrieren der **Fenster** kann man vermeiden, indem man die Scheiben mit einer Mischung aus 50 g Glyzerin auf 1 Liter Wasser einreibt. Sind die Scheiben schon gefroren, hilft das Abreiben mit starkem Salzwasser.

**Fensterbänke,** ab und zu mit verdünntem Spiritus abgewischt, werden nicht nur sauber, sondern sehen wie frisch gestrichen aus. Man kann sie auch ab und zu mit Bohnerwachs einreiben, damit sie in Zukunft nicht mehr so leicht verschmutzen.

**Fensterputzen,** wenn die Sonne direkt auf das Fenster scheint, sollte man vermeiden, da sonst Streifen zurückbleiben.
Auch bei Regenwetter ist das Fensterputzen nicht zu empfehlen, da man durch die Regentropfen schlecht sieht und nicht in den Genuss einer wirklich blanken Scheibe kommt.
Nicht auf die Fensterbretter steigen – das ist wirklich gefährlich!

Wenn man nur schnell einige Scheiben putzen will, können Sie mit einem in Essig eingeweichten Tuch putzen. Das beste Putzwasser erhält man, wenn man auf einen Eimer Wasser je eine halbe Tasse Salmiakgeist und Essig sowie zwei Esslöffel Stärke gibt.
Zum **Nachtrocknen** verwendet man am besten zusammengeknülltes Zeitungspapier. Es saugt die Feuchtigkeit auf und macht die Scheiben streifenfrei glänzend.

Sehr schmutzige **Fensterscheiben** reinigt man ohne Anstrengung mit Schlämmkreide. Man macht sich ein Säckchen, gibt die Schlämmkreide hinein, feuchtet das Säckchen an und reibt damit das Fenster ein. Ist die aufgetragene Schlämmkreide leicht angetrocknet, so braucht man sie nur wieder abzureiben, und das Fenster wird blitzblank sein.
Und wie reinigt man am besten Scheiben, die stark verschmutzt durch rußige Luft und schwer löslichen Belag sind? Man nimmt die sehr feine und sehr billige Stahlwolle, die man zum Putzen benutzt, bereitet sich eine schwache Salmiakgeistlösung, in die man die Stahlwolle taucht, und man wird nun erstaunt sein, wie unglaublich leicht die schmutzigsten Scheiben im Augenblick glasklar werden. Hinterher reibt man mit einem Lederlappen in der bekannten Weise nach. Sehr gut eignet sich diese Reinigungsart auch für die durch Algenbildung unsauber gewordenen Glasscheiben der Zimmeraquarien, bei denen die üblichen Putzmittel meist ohne Erfolg angewendet werden.

**Blinde Scheiben** reibt man mit einem in Öl getränkten Lappen ab und poliert mit saugfähigem Papier nach. Eine alte Regel heißt: senkrecht waschen, waagerecht ledern und senkrecht polieren. So entstehen keine hässlichen Streifen.

**Farbflecken an Fensterscheiben** nach dem Streichen der Fensterrahmen entfernt man mit einer Mischung von Öl, Terpentin und pulverisiertem Bimsstein.
Sind die Farbflecken noch ganz frisch, genügt es auch, wenn man einen Wattebausch in Spiritus taucht und das Glas damit abreibt. Das Nachspülen muss aber etwas fix gehen, weil Spiritus schnell abtrocknet. Blind gewordene Fensterscheiben werden hell, wenn man sie mehrfach mit frischen Brennnesseln abreibt.

Der Bildschirm des **Fernsehers** wird wieder sauber, wenn Sie ihn mit einem Klarsichttuch fürs Auto abreiben. Sie können ihn auch mit einem in Spiritus beträufelten Tuch abreiben und hinterher mit einem sauberen Tuch nachpolieren.

Wenn **Fett** auf den Küchenfußboden verschüttet wird, muss man sofort kaltes Wasser darauf gießen. Das Fett wird dann gleich hart und zieht nicht in die Dielen ein.

**Feuchtigkeit**, z. B. aus Schränken, vertreibt man, indem man alte Büchsen mit Holzkohle füllt und hineinstellt. Auch aneinander gebundene Kreidestücke im Schrank helfen gegen Feuchtigkeit.

**Flecken** auf Möbeln, die durch heiße Gefäße entstanden sind: Diese schadhaften Stellen werden mit nasser oder feuchter Zigarrenasche bedeckt, welche längere Zeit darauf liegen bleiben muss. Zuletzt reibt man die Stelle mit einem angekohlten Korkpfropfen und poliert sie mit einem wollenen Lappen nach.

Blitzeblanke **Fliesen** im Badezimmer erhält man, wenn man sie – aber auch Wannen und Becken nach der normalen Reinigung – mit Autopolitur einreibt, etwas einwirken lässt und dann mit einem sauberen Tuch ordentlich poliert. Eine andere Möglichkeit ist, Zeitungspapier oder Fensterleder in Salmiak zu tauchen und die Fliesen abreiben.

Die **Fliesenfugen** in Bad und Küche werden nach einiger Zeit unansehnlich und lassen sich schlecht reinigen. Versuchen Sie es einmal, indem Sie die Fugen mit einem Brei aus Wasser und Backpulver bestreichen, dann eine Stunde einwirken lassen und anschließend mit Wasser abspülen. Die Fugen leuchten weiß wie neu.

**Gartengerät** setzt leicht Rost an. Mit in Seife getränkter Stahlwolle, die in Petroleum oder Terpentin getaucht wird, lässt er sich leicht entfernen – auch durch das Abreiben mit einem Stück zerknüllter Alufolie.

**Gebeizte, matte Möbel** nur trocken behandeln durch kräftiges Abreiben mit weichem Wolllappen oder weicher Haarbürste. Nie wachsen, nie ölen!

Den **Gefrierschrank** sollte man möglichst im Winter abtauen, dann kann man das Gefriergut einfach auf Balkon oder Terrasse legen, bis der Schrank wieder sauber ist.

**Geschnitzte Möbel** kann man mithilfe einer Zahnbürste oder eines Pinsels reinigen und polieren.

**Goldrahmen auffrischen:** Die Goldrahmen werden behutsam mit einer Zwiebel, die man in rektifizierten Spiritus taucht, abgerieben. Die Zwiebel wird halbiert und mit der Schnittfläche der Rahmen bearbeitet, und zwar darf man die Zwiebel nicht zu nass machen und muss recht schnell reiben. Sofort nach dem Abreiben muss man mit einem trockenen Flanelllappen gehörig nachreiben, bis der Rahmen ganz trocken ist.
Ist der Rahmen nun doch nicht mehr so schön, wie wir ihn uns wünschen, so bestreicht man ihn mit Sikkativlack, lässt diesen halb eintrocknen und streicht hierüber mit einem reinen Pinsel Goldbronze.

**Grünspan** kann mit Essigwasser schnell und leicht entfernt werden.

Wie wird der **Hausschwamm** bekämpft? Ist die Fäulnis noch nicht zu weit vorgeschritten, so kann man sie durch einen Anstrich von drei Zehntel Liter Alkohol und 6 Gramm Salzsäure beseitigen. Vorher müssen die Stellen jedoch durch Bürsten und Abkratzen von den Wucherungen befreit werden.

**Herdplatten** werden glänzend, wenn man das Eisen mit einer Mischung von Essig, Schmierseife und feinem Putzsand abreibt.

**Holzfußböden** aller Art – wenn sie versiegelt sind – kann man mit kaltem Schwarztee behandeln.

**Holzmöbel** bekommen leicht Kratzer. Beim Ausbessern muss man immer in Richtung der Maserung arbeiten. Nussbaumholz kann man mit einem frischen Walnusskern bearbeiten – Mahagoni mit braunem Wachs. Teakholz mit feinster Stahlwolle abreiben und mit einer Mischung aus Leinölfirnis und Terpentin einreiben.
Auf hellem Holz werden Kratzer mit farbloser Schuhcreme bearbeitet.
Alle kleinen Kratzer verschwinden, wenn man sie dick mit Vaseline bestreicht, diese über Nacht einwirken lässt und dann vorsichtig abreibt.
**Wasserringe auf Holzmöbeln:** Zahnpasta auf ein feuchtes Tuch geben und die Ringe abreiben, bei hartnäckigen Flecken evtl. noch etwas Natron zugeben. Man kann auch die Stelle mit einer Paste aus Butter oder Mayonnaise und Zigarettenasche einreiben und dann nachpolieren. Auf poliertem Holz sollte man die Ringe mit Petroleum abreiben und nach kurzer Einwirkzeit nachpolieren.
**Kerzenwachsflecken** auf Holz kann man mit dem Föhn aufweichen und dann mit Papiertüchern entfernen – zum Schluss mit etwas Essigwasser nachwaschen.

Die **Kacheln** an Öfen und Wänden erhalten, wenn sie matt geworden sind, ihren alten Glanz durch Abreiben mit Zeitungspapier, das man mit einer mäßig starken Salmiaklösung befeuchtet hat. Durch Nachpolieren mit einem weichen Lappen werden sie besonders blank.

Wenn Sie die **Kehrschaufel** vor dem ersten Gebrauch mit Möbelpolitur einreiben, bleibt der zusammengekehrte Staub nicht an der Schaufel hängen.

Sind **Keller,** in denen man Kartoffeln und andere Vorräte aufbewahrt, feucht, so kann man sie auf folgende Weise austrocknen: Man schüttet in ein möglichst großes, flaches Gefäß frisch gebrannten Kalk und lässt denselben einige Tage darin stehen. Der Kalk saugt die Feuchtigkeit auf und hält den Keller trocken, wenn man diese Prozedur nach einigen Wochen wiederholt.

Wenn die **Kellertreppen** dunkel sind, und die meisten sind es wohl, kann man die Gefahr des Stürzens oder Fehltretens dadurch vermeiden, dass man die erste und die letzte Stufe mit weißer Farbe anstreicht. Sind die Treppen rutschig, kann man sie mit einer Sand-Farbe-Mischung streichen.

**Das Klemmen der Möbeltüren:** Es ist für die ordnungsliebende Hausfrau sehr unangenehm, wenn die Türen der Schränke, Waschtische, Vertikos u. a. klemmen und knarren. Es kommt häufig vor, dass sich unter den Schränken die Dielen auf der einen Seite senken und

dass dadurch das Möbelstück zwar für das Auge unsichtbar, aber doch ganz erheblich schief gestellt wird. Durch dieses Senken der Diele steht der Schrank schräg, die Möbeltür ebenfalls, und die notwendige Folge ist, dass sich die Tür an dem Türrahmen reibt. Bei genauer Besichtigung wird es sich herausstellen, nach welcher Seite die Senkung erfolgt ist, und nun muss man das Möbelstück wieder gerade zu richten versuchen, indem man unter den einen Fuß einen kleinen Holzkeil, ein Zigarrenkistenbrettchen oder Ähnliches schiebt. Das Brettchen darf natürlich nicht zu dick sein, weil sonst das Klemmen der Möbeltür sich bald an einer anderen Stelle bemerkbar machen würde, weil der Schrank durch die zu dicke Unterlage abermals schief steht.
Wenn Schubladen klemmen, reibe man sie mit Wachs ein, dann gleiten sie besser.

**Klemmende Fenster** werden nicht gleich abgehobelt, sondern mit Seife eingerieben. Eventuell werden sie vorher mit Sandpapier geglättet.

**Klosettbecken,** die braune Ränder bekommen haben, kann man gut reinigen, indem man Backpulver über die Ränder streut – einige Zeit einwirken lassen und dann wegspülen. (Übrigens: Wenn Sie auf der Toilette unangenehme Gerüche verbreitet haben, hilft es sehr, wenn Sie in der Toilettenschüssel sofort ein Streichholz abbrennen.)

Dem lästigen Knarren und Quietschen von Türangeln kann man in der Weise begegnen, dass man in Ermangelung von Öl den fein geriebenen Graphit eines Bleistifts oder Vaseline verwendet. Wenn die Betten knarren, hilft es wahrscheinlich, wenn Sie den Einsatz mit dem Metallgerüst herausnehmen und an den Ecken Lederläppchen dazwischenlegen. Talkumpuder, in die Ritzen gestreut, hilft gegen das störende Knarren der Holzdielen.

Zur Reinigung von naturfarbenen **Korbmöbeln** genügt ein Abbürsten mit Seifenwasser, das einen geringen Zusatz von Salmiakgeist enthält. Nachdem man mit reinem Wasser nachgespült hat, wird mit einem Tuche trockengerieben, und zur völligen Austrocknung setzt man die Sachen eine Zeit lang an die freie Luft. Austrocknen verhindert man durch gelegentliches Einreiben mit Zitronenöl.

**Kristall-Lüster** muss man zum Reinigen nicht immer abnehmen. Füllen Sie einen größeren Becher mit drei Teilen Wasser und einem Teil Alkohol und tauchen sie nacheinander alle Kristallteile ein. Die Teile, die nicht mit dem Becher erreichbar sind, kann man dann mit der Hilfe eines Lappens, der in die Lösung getaucht wurde, abwischen.

Überstreichen Sie die **Küchentapeten** mit farblosem Lack, damit sich Spritzer leichter wegwischen lassen. Wenn Sie den abgetauten und gereinigten **Kühlschrank** ganz dünn mit Glyzerin ausreiben, vereist er nicht mehr so schnell.

**Kunststoffoberflächen** glänzen wie neu, wenn man sie mit Autowachs oder auch mit Zahnpasta poliert.

**Kunststoffpolster** darf man nicht einfetten, da sie sonst hart werden – also auch aufgepasst mit Cremes und Sonnenöl. Am besten taucht man ein grobes Tuch in Natron oder Essig, reibt die Polster ab und wäscht mit einem milden Geschirrspülmittel nach.
Kupfergefäße, die angelaufen sind, kann man mit einer in Salz getauchten Zitronenhälfte abreiben.

Wenn Sie Ihre **Ledermöbel** regelmäßig mit einem feuchten Lederlappen abreiben, brauchen Sie kaum Spezialmittel zur Lederpflege. Natürlich kann man die Möbel zusätzlich mit einem feuchten Tuch und Sattelfett säubern. Wenn man das Leder ab und zu mit einer Mischung aus 2 Teilen Leinölfirnis und 1 Teil Essig pflegt, wird es nicht brüchig.

**Linoleum** reinigt man mit mildem Seifenwasser und wischt mit klarem Wasser, dem man flüssiges Bohnerwachs zufügen kann, nach.

**Löcher von Nägeln in der Wand** werden unsichtbar, wenn man ein Streichholz hineinsteckt, das vorher mit etwas Watte umwickelt wurde. Dann einfach mit der passenden Farbe drüberstreichen.

**Marmorplatten** auf Waschtischen können, wenn sie durch längeren Gebrauch unansehnlich geworden sind, auf folgende Weise aufgefrischt werden: Man mischt 2 Teile gewöhnliche Soda, 1 Teil Bimsstein und 1 Teil Schlämmkreide untereinander, gibt das Gemenge durch ein Sieb und rührt mit Wasser an. Der Brei wird anschließend über die ganze Marmorplatte gleichmäßig verteilt. Hernach wird die Platte gründlich mit Salz und Wasser gereinigt.
Einfacher ist es vielleicht, die Marmorplatte mit einem Gemisch aus Schmierseife und Wasser abzuwaschen, sie mit Wasser abzuspülen und hinterher mit einigen Tropfen Speiseöl einzureiben.
Streuen Sie Salz auf eine aufgeschnittene Zitrone und reiben Sie leicht über die Flecken. Wenn Sie mit Seife und Wasser nachgespült haben, werden Sie sehen, wie das Wundermittel wirkt.
Als Wachs für Marmor eignet sich nur Spezialwachs, z. B. das Wachs der Carnauba-Palme aus Brasilien.

Schwere **Matratzen** werden leicht und gut gereinigt, ohne dass man sie aus der Bettstatt herauszuheben braucht, indem man ein nasses Betttuch auf die Matratzen legt und sie so ausklopft. Das feuchte Tuch nimmt den Staub auf. Dieses Verfahren sollte öfters angewendet werden.

**Messer** soll man nie in heißes Fett tauchen, weil sie dadurch stumpf werden.

**Messing-Türbeschläge** bleiben blank, wenn sie wöchentlich einmal mit einem mit Salmiakgeist getränkten Woll-lappen abgerieben werden. Blank geputzte Messingteile behalten ihren Glanz, wenn sie mit Zaponlack dünn bestrichen werden.

**Metallmöbel** sollte man mit einem weichen Wolllappen kräftig abreiben.

**Mief in der Wohnung** können Sie vertreiben, wenn Sie einige Stofflappen mit Fichtennadelöl oder anderem wohlriechendem Öl tränken und versteckt in der Wohnung verteilen. Getrocknete Zitronen- oder Orangenschalen auf dem Ofen oder der Heizung verbreiten ebenfalls einen guten Geruch.

**Modergeruch** vertreibt man aus Truhen und Schrankkoffern, wenn man über Nacht eine Büchse mit Katzenstreu-Deodorant hineinstellt.

**Möbel** hinterlassen Abdrücke auf dem Teppich. Legen Sie einen Eiswürfel auf die Stelle und lassen die Feuchtigkeit einziehen. Die Teppichfasern quellen auf. Wenn Sie hinterher mit dem Staubsauger drüberfahren, richten sich die Fasern wieder auf.

Das Abledern von **Möbeln** ist von vorzüglicher Wirkung, wenn das Leder in warmes Wasser getaucht wird, das mit ein wenig Essig leicht gesäuert ist. Dann wringt man es so fest aus, dass es beinahe trocken wird, und überreibt die Möbel. Jede Spur von Schmutz verschwindet und es stellt sich ein schöner Glanz ein.

Reinigung polierter **Möbel:** Ein einfaches, billiges Mittel, schmutzige polierte Möbel zu säubern, ist eine Mischung von Wasser und Petroleum. Mit einem wollenen Lappen trägt man die Flüssigkeit auf und reibt so lange, bis die Möbelstücke rein und glänzend sind. Den Petroleumgeruch darf man nicht scheuen, da er sich bald wieder verliert. Man kann die Möbel auch auffrischen, indem man sie mit einem mit Leinöl getränkten Baumwollballen abreibt.

**Möbel aus Nussbaumholz** sollte man mit einem milchgetränkten Lappen einreiben und anschließend gut nachpolieren.

Als **Möbelpolitur** kann man eine Mischung von vier Esslöffeln Olivenöl und einem Glas schwarzem Tee verwenden. Besonders geeignet für dunkle Möbel.

**Ölgemälde** müssen sehr vorsichtig gesäubert werden. Zuerst nehme man das Bild aus seinem Rahmen, wasche es mit lauwarmem Seifenwasser oder warmer Milch mit einem weichen Lappen sehr vorsichtig ab. Sanft reiben, damit die Farbschicht nicht verletzt wird. Hinterher mit einem weichen, nicht fasernden Tuch abreiben, dann mit rektifiziertem Terpentinöl. Nun trockne man es sorgfältig mit einem weichen leinernen Lappen ab und bestreiche oder bepinsele es mit Leinöl.

**Polstermöbel** aller Art im Zimmer zu klopfen, ist wegen der großen Staubentwicklung immer eine missliche Sache. Die Arbeit geht jedoch staubfrei vonstatten, wenn man vor dem Klopfen ein großes, feuchtes Tuch über die betreffenden Möbel legt und dann auch das Tuch klopft. Der ganze Staub bleibt dann in dem feuchten Tuche hängen und kann leicht ausgewaschen werden.

Ein vorzügliches Mittel zum Reinigen von **Polstermöbeln** ist Rasiercreme.

Wenn die Partygäste gegangen sind, hängt der ganze **Qualm** in der Wohnung. Wirbeln Sie bei offenem Fenster ein nasses Handtuch wie ein Ventilator durch die Räume, dann ist die Luft schnell wieder sauber.

Helle **Ränder** auf gebeizten oder polierten Möbeln kann man leicht mit einem Brei aus Zigarrenasche und Maschinenöl, den man einige Zeit einwirken lässt, entfernen.

**Rauch:** Im Winter setzt sich der Zigarren- und Zigarettenrauch gerne im Zimmer und in den Möbeln fest, was man sehr leicht verhindern kann, indem man einen mittelgroßen nassen Schwamm an einer versteckten Stelle im Zimmer aufhängt. Der Schwamm muss aber natürlich jeden Tag gut ausgewaschen werden.

Nach dem **Renovieren** riecht die Wohnung tagelang nach Farbe. Stellen Sie ein paar Schüsseln mit Kochsalz auf – der Geruch verschwindet schnell.

**Rohholzmöbel** mit klarem Wasser oder Seifenwasser, Scheuersand und Wurzelbürste scheuern. Sand durch Nachwaschen mit klarem Wasser völlig entfernen, gut nachtrocknen. Niemals Soda verwenden.

**Rohrgeflecht reinigen:** Stühle mit Strohgeflecht, das von Staub, Rauch usw. gelb geworden oder sonst schmutzig ist, reinigt man mit Spiritus. Man gießt denselben in eine Schale, befeuchtet damit eine kleine Bürste, z. B. eine alte Zahnbürste, und reibt dann das Geflecht Stelle für Stelle ab. Man hat aber das Holzgestell, wie auch den etwa angestrichenen Fußboden, durch Lappen zu schützen, da Spiritus auf der Politur Flecken hinterlässt, die nicht mehr zu vertilgen sind. Mit einem alten, weichen Leinwandlappen wird dann das Geflecht noch recht abgerieben, wonach es wieder seinen neuen Glanz erhält.

**Rosshaarmatratzen** sollen nicht geklopft werden, damit das Haar nicht beschädigt wird. Bürsten und saugen Sic die Matratze nur gründlich ab.

Versehen Sie die Kufen Ihres **Schaukelstuhls** mit farblich passenden Leinen-Klebebändern, damit sie den Holzfußboden nicht verkratzen.

**Schimmelbildung** auf Tapeten beseitigen: Salicylsäure wird in einem Verhältnis von 1 zu 4 in starkem Spiritus aufgelöst. Mit dieser Flüssigkeit bestreicht man die Stellen der Tapeten, an denen sich die Schimmelbildung zeigt. Die Moderpilze verschwinden durch diese Behandlung und hinterlassen auch keine Flecken auf der Tapete. Eine einmalige Behandlung auf diese Weise gibt auch die Garantie, dass sich in der Zukunft auf den Tapetenstellen keine Schimmelbildung mehr zeigt.

**Schleiflackmöbel** mit Seifenwasser abwaschen, evtl. unter Mithilfe von Schlämmkreide oder einem guten Einweichmittel. Gut nachwaschen und trockenreiben.

Gegenstände aus **Schmiedeeisen** rosten nicht so schnell, wenn man sie mit Autopolitur einreibt.

**Sonnenschirme** werden widerstandsfähiger gegen Witterungseinflüsse, wenn man sie mit Imprägnierspray einsprüht.

Eine gründliche Reinigung der **Speisekammer** ist ab und zu unbedingt notwendig. Die Speisekammer ist für viele nicht viel mehr als ein Abstellraum. In Wirklichkeit birgt sie Vorräte für unsere Ernährung, und von der Qualität unserer Ernährung hängen unsere Gesundheit und unser Wohlbefinden ab. Staub und Feuchtigkeit müssen aus diesem Raum fern gehalten werden. Daneben muss für peinliche Sauberkeit und gute Luftzirkulation gesorgt werden.

Beim Großreinemachen wird die ganze Kammer ausgeräumt und bis in den kleinsten Winkel gründlich ausgescheuert. Auch die einzelnen Bretter der Regale werden gründlich gereinigt. Herausgefallene Krümel und übergelaufene Soßen bilden Brutstätten für Schimmelpilze und Keime. Außerdem sind solche unbeachteten Spuren Lockköder für Ungeziefer.
Wenn die Reinigung erledigt ist, lüftet man die Kammer gut durch. Beim Einräumen sollte man beachten, dass man die Speisen, die oft benötigt oder bald verbraucht werden, auf die Bretter in Armhöhe legt, Vorräte, die sich unbedenklich halten, sollten auf die oberen Bretter verteilt werden.

Wenn **Spiegel** blind geworden sind, bekommt man sie wieder blank, wenn man ganz dünn Leinöl aufträgt und nach kurzer Einwirkzeit den Spiegel blank reibt.

**Spiegel** werden streifenfrei blank, wenn man einen Spritzer Shampoo ins Wasser gibt und sie damit abreibt.

Das Abfegen von **Spinnweben** muss immer in einer Aufwärtsbewegung geschehen. Wenn man sie nach unten fegt, bleiben meisten Reste an der Wand hängen.

Für Ihre **Spüle aus Edelstahl** benötigen Sie keinen Spezialreiniger. Mit Kernseife abgewischt, wird sie tadellos sauber und blank.

Wenn **Stahlmöbel** rosten, sollte man sie kräftig mit Terpentin abbürsten.

**Staub beim Kehren** kann man binden, indem man vor dem Kehren feuchte Teeblätter auf dem Holzboden verstreut. Dann fliegt der Staub nicht auf.

Um einen **Steinfußboden** weiß und fleckenlos zu erhalten, gießt man, nachdem man den Fußboden gründlich nass gemacht hat, etwas Essig darauf und scheuert tüchtig. Danach nimmt man etwas Seifenwasser und scheuert ebenfalls damit. Anschließend wird zweimal mit klarem Wasser gespült, der Fußboden getrocknet und nachträglich gewachst. Der Essig nimmt alle Flecken, auch Fettflecken, aus dem Steinfußboden.

**Schmutzige Strohmatten,** mit Salzwasser abgebürstet, werden tadellos sauber.

Will man ein Zimmer **tapezieren,** so müssen zunächst die alten Tapeten abgeweicht werden. Das geht ganz leicht vonstatten, wenn man eine Lösung von einem gehäuften Esslöffel Salpeter auf 5 Liter heißes Wasser benutzt und diese mit einer recht breiten Bürste (Deckenbürste) auf die Tapeten streicht.
Auch 3 Tassen Essig auf 10 Liter heißes Wasser bilden ein gutes Lösemittel. Wenn man dem Einweichwasser etwas Tapetenkleister zugibt, läuft das Wasser nicht so schnell ab und zieht besser ein.

Nach gründlichem Befeuchten lassen sich die Tapeten leicht abziehen. Das Wasser muss aber heiß sein. Dann streicht man die Wände mit Leimwasser, und nun können die Streifen der neuen Tapete, mit fertig gekauftem Kleister bestrichen, aufgeklebt werden. Am besten von links nach rechts. Jeder Streifen muss angeklopft werden, damit die Tapete auch glatt sitzt. Dazu kann man einen mit einem sauberen Tuch umwickelten Besen benutzen. Reste von Tapetenkleister heben Sie für spätere Ausbesserungsarbeiten in einem Glas mit Schraubverschluss auf, damit der nicht eintrocknet.

Den unangenehmen Geruch aus neu **tapezierten Zimmern** kann man, wenn diese bald wieder bewohnt werden sollen, schnell beseitigen. Man schließt die Räume ganz dicht und stellt entweder mehrere Eimer mit frischem Wasser auf oder man verbrennt auf offenem Feuer einige Wacholderbeeren. Diese Mittel lässt man über Nach wirken und öffnet darauf Fenster und Türen, um durch frische Luft die entstandenen Dünste zu entfernen.

Sind die **Tapeten** noch gut, aber fleckig und beschmutzt, kann man sie auf einfache Weise säubern. Fettflecken beseitigt man durch Alkohol, mit dem man einen weichen Lappen durchtränkt. Den Schmutz entfernt man entweder durch Abreiben mit frischem Brot oder mit Kügelchen, die man aus einer Masse von anderthalb Tassen Wasser, drei Esslöffel Ammoniak und drei Tassen Mehl herstellt.

Soll ein Stück Tapete auf eine schadhafte Stelle geklebt werden, so empfiehlt es sich, dasselbe nicht zu schneiden, sondern zu reißen, weil die gerissenen Ränder des neuen Stücks sich dem Untergrund viel besser und unsichtbarer anfügen.

**Teppiche:** Neue Teppiche sollte man während der ersten sechs Monate nur mit einer Bürste sanft abbürsten, jedoch nicht saugen oder klopfen.
Durch Abbürsten mit Essigwasser werden die Farben wieder frisch. Den feuchten Teppich aber erst wieder betreten, wenn er vollständig getrocknet ist.
Nach oben gewölbte Kanten bügelt man mit einem heißen Eisen auf feuchter Unterlage. Unter hoch stehende Ecken näht man ein rechtwinkliges, auf der Außenseite mit Stoff bezogenes Dreieck aus Metall.
Helle Teppiche, die nicht mehr so frisch aussehen, werden mit Salz bestreut – seien Sie großzügig mit dem Salz; einige Zeit einwirken lassen und dann absaugen. Der Teppich hat seine alte Frische wieder. Auch frische geriebene (rohe) Kartoffeln kann man auf den Teppich geben, um ihn zu reinigen. Nach kurzer Einwirkzeit die Kartoffeln absaugen.
Flecken kann man mit Glasreiniger behandeln. Einfach aufsprühen, einwirken lassen und mit einem Lappen wieder ausreiben.
Flecken in empfindlichen Teppichen oder Teppichböden nur mit Mineralwasser ausreiben, damit keine Kalkränder entstehen.

**Und wenn man etwas verschüttet hat:** Sofort feste Bestandteile wie Glas o. Ä. entfernen und schnell die Flüssigkeit mit Tüchern oder Küchenpapier aufsaugen. Immer von den Rändern ins Zentrum arbeiten, damit sich der Fleck nicht noch vergrößert. Fleckenentferner erst benutzen, wenn der Teppich wieder ganz trocken ist.
Kleine **Brandlöcher** auf Teppichen kann man gut ausbessern, indem man an einer anderen Stelle vorsichtig einige Fasern aus dem Teppich zieht, Alleskleber in das Loch gibt und die Fasern daraufdrückt. Dann das Loch bedecken, damit der Klebstoff langsamer trocknet. Wenn man es geschickt gemacht hat, ist das Loch nicht mehr zu entdecken.
Wenn schwere Möbel **Druckstellen** erzeugt haben, decken Sie am besten ein feuchtes Tuch auf die Stelle und erzeugen Sie möglichst viel Dampf mit dem Bügeleisen. Hinterher lassen sich die Fasern gut aufbürsten.
**Wachsflecken** auf dem Teppich bedecken Sie am besten mit saugfähigem Papier und bügeln darüber, bis der Wachs aufgesogen ist.

**Tischplatten** aus unbehandeltem Naturholz sind sehr empfindlich. Lösen Sie etwas Spülmittel und ein paar Tropfen Salmiakgeist in heißem Wasser auf und bürsten Sie die Tischplatte kräftig damit ab.

In der **Toilettenschüssel** entstehen leicht Ablagerungen. Machen Sie sie durch Spülen nass und tragen Sie eine Paste aus Borax und Zitronensaft auf. Zwei Stunden einwirken lassen und dann gründlich bürsten.

Hartnäckige und ältere Ringe lassen sich vorsichtig mit feinem Nassschleifpapier entfernen.

**Vorhangstangen** sollte man nach dem Abwischen mit etwas Bohnerwachs einreiben. Die Ringe gleiten dann besser.

**Wachsflecken auf Holzoberflächen** mit dem Haarföhn aufweichen, mit Küchenkrepp entfernen und mit Essigwasser nachwaschen.

**Wandbekleidungen:** Wände mit Putz oder Leimfarbenanstrich oder Tapete fegt man mit einem Besen, den man mit einem Tuch umwickelt hat, vorsichtig von oben nach unten ab – in senkrechtem Strich – oder gebraucht dazu den Staubsauger. Auch Wandbekleidungen aus Stoff werden am besten abgesaugt oder mit weicher Bürste gereinigt.

Beseitigung von **Wasserflecken auf polierten Flächen:** Man löse Salz in Salatöl auf und reibe mittels eines Korkpfropfens die betreffende Stelle tüchtig damit ein. Dann poliert man sie mit einem wollenen Lappen, bis sie wieder glänzend ist. Eine Mischung aus Zigarrenasche mit Speiseöl ist ebenso wirksam wie eine Paste aus Butter und Zigarettenasche. Auch mit einem feuchten Tuch mit etwas Zahnpasta erzielt man gute Ergebnisse.

**Wasserflecken auf gestrichenen Dielen:** Die hässlichen, hellen Wasserflecken, die auf gestrichenen Fußböden von Eimern, Wassertropfen, Seifenspritzern so leicht entstehen, wenn man nicht behutsam ist, können, wenn sie frisch sind, leicht durch Essig beseitigt werden. Man nässt die Flecken mit Essig und reibt sie dann mit einem sauberen Tuche ordentlich nach.

Ehe man in die Sommerfrische reist, stelle man in die Wohnung Eimer oder Waschschüsseln mit **Wasser** auf den Erdboden. Das Wasser verdunstet in der warmen Jahreszeit, gibt an Wände, Boden, Möbel usw. den nötigen Grad an Feuchtigkeit in kaum merklicher und doch äußerst vorteilhafter Weise ab, zugleich ein gut Teil Staub, Motten und Fliegen anziehend und in sich aufnehmend.

Wenn Sie nicht schlafen können, weil der **Wasserhahn** tropft, wickeln Sie einfach ein Stückchen Stoff um die Hahnöffnung. Wenn Sie ein Stück Schnur um den Hahn binden, läuft das Wasser an der Schnur entlang – bis Sie den Hahn abdichten können.

Um die **Zimmertemperatur** an heißen Tagen zu senken, gibt es folgenden alten Trick. Stellen Sie einige Zweige der Birke, Weide oder Linde, die saftig sind, in einen Eimer mit frischem Wasser. In einigen Stunden ist das ganze Wasser aufgesogen und wird von den Zweigen viel kühler, als es war, wieder ausgeschieden.

# Haushaltsgegenstände

**Liebevoller Umgang mit allem Hausgerät.** Manchen Frauen ist es selbstverständlich, mit allen Dingen im Haushalt behutsam umzugehen, sie sind vorsichtig in ihren Hantierungen.

Andere tun uninteressiert ihre Hausarbeit. Sie achten wenig darauf, ob das Essen anbrennt, der Topf dabei leidet oder beim Abwaschen das Geschirr angeschlagen wird.

Eigentlich ist das für einen denkenden Mensch alles selbstverständlich. Er weiß, dass jedes Ding, gleichgültig welcher Art, Pflege braucht. Wer beispielsweise morgens die Zahnbürste im halb gefüllten Mundspülglas stecken lässt, darf sich nicht wundern, wenn sich nach und nach die Borsten lösen. Wird sie aber dagegen nach Benutzung säuberlich ausgespritzt und zum Trocknen ausgelegt, bleibt sie lange in tadelloser Ordnung.

Das Gleiche gilt für Küchenbürsten, die leider meist in feuchtem Zustand irgendwohin gesteckt und zum Stocken verurteilt werden.

Ebenso vergeht sich, wer Besen auf die Borsten stellt, statt sie aufzuhängen. Ein Henkel ermöglicht das Aufhängen jeglicher Bürsten und Besen und ist eine stete Mahnung zur Ordnung.

Verdruss gibts auch, wenn Kochlöffel dreifach übereinander am Haken hängen und einer beim raschen Greifen zur Erde fällt, sodass die Emaille absplittert.

Legt man einen Blumenstab quer über die einzelnen Haken, dann hängen die Löffel einzeln und sind jederzeit zu greifen.
Und wie ists beim Abwasch? Schadhafte Stellen, Sprünge und gar Scherben gibts leicht, wenn das Geschirr klirrend im Aufwaschtisch durcheinander rutscht. Durch Einlegen eines feuchten Tuches oder eines kleinen Holzrostes wäre das leicht zu verhindern. Auch soll bei feuerfestem Glas der Boden beim Braten und Dünsten immer mit Flüssigkeit bedeckt sein und man darf keine kalte Flüssigkeit in den stark erhitzten Topf geben.
Es ist auch gefährlich, die soeben aus dem heißen Backofen gezogene Form auf die eiskalte Marmorplatte zu stellen. Starke Wärmeunterschiede erzeugen Spannungen, die leicht zum Sprung führen. Auf Aufläufe und dergleichen wird man deshalb den Holz- oder Strohuntersetzer auf dem Tisch vorsehen. Unverständlich handeln auch Frauen, die beim Aufwaschen mit dem Schaber oder gar mit einem Messer den Rückstand in der Pfanne mit Gewalt abschaben, anstatt die Pfanne lange genug in Wasser einzuweichen.
Messerklingen sind auch nicht dazu da, zwischen Deckel und Einmachglas geklemmt zu werden, um das Öffnen zu erzwingen; sie sollen auch nicht zum Wenden von Eierkuchen, Bratlingen oder Bratkartoffeln dienen, weil sie durch Hitze leiden. Auch dürfen Messer beim Aufwaschen nicht im Wasser liegen bleiben.
Noch von vielerlei anderen Dingen könnten wir reden. Von Bettvorlegern, die beim Bettenmachen zurückge-

schlagen werden sollten; von Scheuertüchern, die mit gebrauchtem Garn durchstopft länger hielten; von Jalousieschnüren, die beim behutsamen Herunterlassen weit weniger strapaziert würden, als wenn dies mit lautem Knall ruckhaft geschieht; von Armbanduhren, die vom blutwarmen Arm genommen auf kalter Marmorplatte ruhend, stehen bleiben müssen. Sind wir ehrlich genug, diese Fehler einzusehen, ist dies schon der erste Schritt zur Besserung.

Der tägliche **Abwasch** ist eine lästige Angelegenheit, wenn man keine Geschirrspülmaschine besitzt.
Am besten füllt man das benutzte Geschirr gleich mit Wasser, damit die Speisereste nicht antrocknen. Bevor wir dann mit dem Abwasch beginnen, spülen wir das Geschirr mit einer Bürste unter fließendem kalten Wasser. Dann spülen wir in heißem Wasser zuerst das nicht so stark verschmutzte Geschirr, zuletzt die fettigen Töpfe und Pfannen. Geben Sie das Spülmittel erst dazu, wenn das Wasser eingelaufen ist, um das starke Schäumen zu vermeiden. Bei Bedarf Spülwasser wechseln.
Mit warmem Wasser nachspülen, um die Reste des **Geschirrspülmittels** zu beseitigen. Dann stellen wir das Geschirr stapelweise, zum Abtropfen umgedreht, auf die Abtropffläche. Möglichst noch das warme Geschirr abtrocknen, da es dann schön glänzend wird und sich keine Kalkflecken bilden. Geschirrtücher zum Abtrocknen sollten aus saugfähigem Material sein, z. B. Baumwolle oder Halbleinen. Gläser werden möglichst

mit Halbleinen oder Leinentüchern abgetrocknet, damit keine Fusseln am Glas bleiben.
Zum Schluss nicht vergessen, Herd, Spüle, Lappen und Bürste zu reinigen. Und schon haben wir diese lästige Arbeit hinter uns gebracht.

**Aluminiumgeschirr:** Zur Reinigung darf nie Soda verwendet werden. Abreiben mit Stahlwolle in Seifenwasser und heißes Nachspülen genügen vollauf. Milch, Sauerkrautbrühe und saurer Obstsaft befreien das Aluminiumgeschirr von Flecken.

Zum Reinigen der **Aschenbecher** können Sie leicht die gebrauchten Papierservietten benutzen.

**Backbleche,** die leicht verrostet sind, mit Tomatensaft abreiben und mit einem weichen Tuch nachpolieren.

**Bastgegenstände,** z. B. Untersetzer, bitte nur mit lauwarmem Seifenwasser waschen und dann im Schatten – niemals in der grellen Sonne – trocknen.

**Besen** sollten nicht auf die Bürste gestellt werden. Am besten hängt man sie auf oder stellt sie auf den Stiel, da sie sonst an Elastizität verlieren.

Umgeknickte **Borsten** von Besen richten sich wieder auf, wenn man sie kurze Zeit über Wasserdampf hält. Von Zeit zu Zeit sollte man Besen mit einem Teppichkamm durchkämmen, um den Schmutz zu entfernen.

**Besteck** mit schwarzen Holzheften lässt sich, wenn sie grau geworden sind, leicht wieder auffrischen. Nachdem man sie mit Glaspapier abgeschmirgelt hat, sodass kein fettiger Schmutz mehr daran haftet, überstreicht man sie mithilfe eines kleinen Pinsels mit schwarzer Tinte, und wenn diese ganz eingezogen und trocken ist, reibt man das Heft mit ein wenig Speiseöl ein.
Eine Zitronenscheibe im Besteckkasten der Geschirrspülmaschine erspart Ihnen den Klarspüler.

**Bilder in Aquarell reinigen:** Das Bild wird aus dem Rahmen genommen und sehr sorgfältig mit Reißzwecken auf eine steife Pappe geheftet. Dann reibt man es mit einem Stück altbackenem Schwarzbrot langsam und sorgfältig ab.

**Bilder,** die leicht verrutschen, werden an den Ecken mit kleinen Korkstücken beklebt.

**Bimsstein** wird, wenn man ihn einige Zeit gebraucht hat, glatt und daher wirkungslos. Sie können ihn mit grobem Schleifpapier wieder aufrauen.

Weich gewordene **Borsten** kann man wieder erhärten, wenn man sie in Alaunwasser eintaucht (etwa 60 g auf 1 Liter Wasser). Durch Seifenreste werden z. B. Nagelbürsten zu weich. Wer das verhindern will, legt die Bürste von Zeit zu Zeit in kaltes Essigwasser.

**Bronze** kann man gut mit Seifenlauge und ein paar Tropfen Spiritus reinigen. Danach klar nachspülen und polieren.

Wenn man den **Brotkasten** regelmäßig mit Essigwasser reinigt, schimmelt das Brot nicht so schnell.

Fettflecken aus **Büchern** entfernen: Man bedecke die Stellen mit aufgelöster Pottasche. Diese wird das Fett aufsaugen.

**Bügeleisen** kann man mit etwas Backofenspray reinigen. Das Eisen sollte lauwarm sein. Mit etwas Kochsalz auf einem Wattebausch kann man auch die Fläche des Eisens abreiben. Das Eisen mit Zahnpasta abgerieben und feucht nachgewischt, wird auch schön sauber.

**Bürsten** reinigt man am besten in einer leichten Salmiaklösung. Man achte darauf, dass die Griffe nicht feucht werden. Den Rücken polierter Bürsten kann man vor der Reinigung mit etwas Vaseline einreiben.

Das Waschen von **Haarbürsten:** Zum Waschen der Haarbürsten bediene man sich niemals der Seife; man nehme vielmehr etwas Soda, löse sie in warmem Wasser auf und lege die Bürste mit den Borsten nach unten in die Lösung, sodass das Wasser nur gerade die Borsten bedeckt. So werden diese bald weiß und rein sein. Dann spült man mit kaltem Wasser nach, damit die Borsten wieder steif werden, und stellt die Bürste zum

Abtropfen zunächst mit den Borsten nach unten auf ein Tuch. Wenn die Feuchtigkeit abgetropft ist, lässt man die Bürste an freier Luft und mit aufwärts gekehrten Borsten trocknen.
Ausgekämmtes Haar sollte man natürlich täglich aus der Bürste entfernen.

Für Ihr **Dampfbügeleisen** sollten Sie nur destilliertes Wasser verwenden. Haben Sie das nicht immer getan, so entfernen Sie die Ablagerungen, indem Sie es zu gleichen Teilen mit Wasser und Essig füllen, kurz dampfen lassen und nach dem Ausschalten ein oder zwei Stunden ziehen lassen. Nach dem Entleeren müssen Sie es noch mit klarem Wasser ausspülen.

Schlämmkreide mit etwas Essig angerührt ergibt ein sehr gutes und preisgünstiges Reinigungsmittel für **Edelstahl.** Einfach mit einem Tuch auf Töpfen oder Spüle verteilen, feucht abwischen und trocken nachreiben.

**Eiswürfelbehälter** frieren nicht mehr an, wenn man im Gefrierfach etwas Alufolie oder Pergamentpapier darunterlegt.

**Emaillegeschirr** ist gegen den plötzlichen Wechsel von Hitze und Kälte empfindlich. Man vermeide es, den erhitzten Topf sofort mit kaltem Wasser zu füllen, weil dadurch die Emaille springt und abblättert. Die dann in das Essen geratenden Emailleteilchen können leicht die Veranlassung zu großen Gesundheitsstörungen sein.

Man kann die Glasur widerstandsfähiger machen, wenn man sie vor dem ersten Gebrauch mit Wasser auskocht, dem man einen guten Schuss Essig und eine Hand voll Salz zugesetzt hat.
Vorsichtig mit Salz abgerieben, wird Emaille wieder blank wie neu.

Pflege dein **Fahrrad!** Wer sein Fahrrad selbst regelmäßig pflegt und nicht verrosten lässt, kann sich manche Reparatur oder den Kauf eines neuen Rades ersparen. Es ist eigentlich selbstverständlich, dass Feuchtigkeit die Metallteile angreift. Das Rad ist also nach Fahrten durch Regen und Schlamm zu säubern und trocken abzureiben. Natürlich ist das kein Vergnügen, wenn man müde heimkommt, aber das gute, alte Stahlross braucht eben auch seine Pflege.
Wenn wir es nachher mit ölbenetztem Lappen nachreiben, dann glänzt es vor Zufriedenheit, denn Öl ist der beste Rostschutz.
Die **Speichen** rosten nicht mehr, wenn man sie ab und zu mit Vaseline einreibt.
Auch die **Naben und Tretlager** sind von Zeit zu Zeit ölhungrig, aber bitte die Ölkanne immer schließen. Die Kette, die tückischerweise abrutscht, wenn sie zu locker durchhängt, fällt am leichtesten dem Rost anheim. Wir geben ihr ein Petroleumbad, wenn wir uns das leisten können, andernfalls reiben wir sie wenigstens mit Petroleum gründlich ab. In jedem Fall ist aber die Kette danach sorgfältig abzutrocknen, denn Petroleum ist kein Rostschutz, wie vielfach angenommen wird.

Ja, und wie ist es mit der **Bereifung?** Ist sie nicht unser besonderes Schmerzenskind und heute der Grund, weshalb uns der Mechaniker strafend anblickt? Hängen Sie Ihr Rad immer in den Radständer oder stellen Sie es auf den Kopf, wenn es länger Ruhe hat, das tut ihm gut. Und wenn Sie wieder einmal die Decke selber flicken, dann nehmen Sie nicht Leukoplast, das hält ja doch nicht. Gummilösung ist das einzig Richtige, auch für den Schlauch.

Erst wird die defekte Stelle mit Benzin gereinigt, dann mit Sandpapier aufgeraut und mit Gummilösung bestrichen. Der Flicken wird aus einer alten Decke oder einem alten Schlauch geschnitten, ebenfalls mit Gummilösung bestrichen und nach dem Antrocknen fest aufgedrückt und beschwert.

Am sorgsamsten muss der Radler sein, der eine Drahtdeckenbereifung hat. Sobald er die Schlauchdeckenpanne spürt, muss er unbedingt den eingedrungenen Nagel, die Zwecke oder den tückischen Glassplitter suchen und entfernen.

Wollte er das erst zu Hause tun und das Rad bis dahin führen, so würde der Fremdkörper weiterwandern und den Schlauch vielfach durchstechen, sodass der Schaden kaum mehr zu heilen ist.

Insgesamt sollte man die alte Tretmühle doch besser behandeln – sie dankt es einem.

Hart gewordene **Fensterleder** lässt man in lauwarmem Wasser mit einem Schuss Salmiakgeist eine Viertelstunde liegen und reibt sie nach dem Trocknen ordentlich durch. Sie sind dann wieder weich und geschmeidig.

**Fettflecken** in rohem Holz, wie Küchenbretter, Küchenstühle, rohe Tischplatten usw., werden durch Tonerde entfernt. Man bereitet aus Tonerde und Wasser einen nicht zu flüssigen Brei, gibt ihn auf die Fettflecken und lässt ihn gut bis zum anderen Tag darauf wirken und eintrocknen. Hierauf reibt man mit einer trockenen Bürste die Tonschicht ab, dann reinigt man den Holzgegenstand gründlich mit Lauge und Sand.

**Fettige Gefäße** werden am besten mit Sägespänen gereinigt, welche man mit etwas warmem Wasser befeuchtet.

Um aus einer **Flasche** den Geruch zu vertreiben, gießt man einfach Salmiakgeist hinein und lässt sie einige Zeit so stehen. Den Salmiakgeist gießt man dann in seine Flasche zurück, er kann wieder verwendet werden. Die vom Geruch befreite Flasche wird noch einige Male mit klarem Wasser ausgespült.

**Fliesen** werden wasser- und schmutzabweisend, wenn man hauchdünn Autowachs aufträgt.

**Galvanisch versilberte Gegenstände** putzt man am schönsten, indem man sie mit Stearinöl abreibt und dann mittels eines Leders mit geschabter Kreide poliert.

**Gardinen,** die angegraut sind, werden wieder schön und gleichzeitig gestärkt, wenn man dem letzten Spülwasser etwas Zucker beigibt.

Neue **Gardinenringe** sind meist stumpf. Wenn man die Stange mit Möbelpolitur einreibt, rutschen die Ringe besser.

Das Reinigen von **Glasgefäßen** aller Art: Leicht bildet sich bei Gläsern ein Bodenbelag, der schwer zu entfernen ist. Jede Hausfrau kennt eine Reinigung mit zerpflücktem Zeitungspapier oder mit Kartoffelschalen. Eine solche Behandlung ist sehr gut und auch wirksam, nur nimmt sie einige Zeit in Anspruch.
Unangenehmer ist es, wenn sich im Glas der so genannte Wasserstein gebildet hat. Sehr oft sind auch Säuren oder Fruchtsäfte die Veranlassung eines solchen hässlichen Belages, der sich durch einfaches Wasser oder durch einen Zusatz von Soda zum Waschwasser nicht entfernen lässt.
Man bediene sich vielmehr einer verdünnten, ziemlich konzentrierten Essigessenz, durch die der Wasserstein aufgelöst wird. Sind die Gefäße weniger mit Wasserstein bedeckt, so genügt eine Behandlung mit einer Essiglösung. Ein sehr gutes Mittel zur Entfernung des Belages ist auch ein Abreiben mit einer geschnittenen Zwiebel, deren Saft den Wasserstein, falls er noch nicht zu alt ist, restlos entfernt. Scheuersand dagegen schadet dem Glas.
Wenn man eine Hand voll Kohlenstaub in das Glasgefäß füllt, kaltes Wasser dazugießt, die Flasche so lange schüttelt, bis sich aller Schmutz vom Glas gelöst hat, so wird das Glasgefäß nach gründlichem Ausspülen mit schäumender Seifenlösung und hernach mit klarem Wasser wie neu aussehen.

Glasgefäße mit trübem Rand lassen sich sehr gut mit Kaffeesatz reinigen. Dieser muss so frisch wie möglich verwendet werden. Man gibt ihn in das zu reinigende Gefäß, darauf kaltes Wasser und schüttelt kräftig. Hernach spült man mit lauwarmem Wasser aus.

Wenn man auf **Glühbirnen** einige Tropfen seines Lieblingsparfüms träufelt, durchzieht der Duft die ganze Wohnung.

Spröde gewordenes **Gummi** macht man wieder geschmeidig durch Eintauchen bzw. hinreichendes Benutzen von Ammoniakwasser (1 Teil Ammoniak und 2–3 Teile Wasser).

**Gummischläuche,** die man lange Zeit nicht gebraucht, sollte man von Zeit zu Zeit mit Glyzerin einreiben, damit durch die lange Lagerung das Brüchigwerden vermieden wird. Die Elastizität von Gummiwaren kann auch durch Bestreuen mit Talkum bei längerem Aufbewahren erhalten bleiben.

**Gusseisen:** Wenn Pfannen oder Töpfe Flecken bekommen haben, sollten Sie sie mit Wasser, in das man etwas Essig und Salz tut, aufkochen.

**Heizkörper** müssen regelmäßig gereinigt werden, weil der Staub sonst einbrennt. Lauwarmes Seifenwasser ist gut geeignet. Man kann auch hinter die Heizkörper ein feuchtes Handtuch hängen und den Staub mit dem

Föhn hineinblasen. Backofenspray ist auch ein gutes Mittel. Kurz einwirken lassen, abwischen – fertig.

**Holzbrettchen** verfärben sich oft, wenn man Gemüse darauf geschnitten hat, und lassen sich nicht so leicht reinigen. Legen Sie die Brettchen über Nacht in Wasser mit reichlich Essig oder Zitronensaft. Sie werden sehen: Die hässlichen Verfärbungen sind am nächsten Morgen verschwunden.

Das Reinigen der **Kannen** oder der Blechgefäße kann geschehen: 1. durch heißes Wasser, 2. durch Dampf. Zweck des Reinigens ist, anhaftende Milchreste und besonders das Fett gründlich zu entfernen, worauf die Kannen mit reinem kaltem Wasser ausgespült und mit der Öffnung nach unten zum Abtropfen aufgestellt werden. Auch über den Begriff »heißes Wasser« herrschen sehr verschiedene Ansichten. Die einen reinigen Molkereigeräte mit lauwarmem Wasser, die anderen reinigen die Blechgeschirre, besonders wenn fettreicher Rahm darin war, mit heißerem Wasser. Die Blechgeräte, Milchkannen, Rahmkannen, Milchkühler müssen mit sehr heißem Wasser gereinigt werden; Blechgeräte, welche nur mit lauwarmem Wasser gereinigt werden, fühlen sich immer fettig an. Blechgeräte müssen also stets mit sehr heißem Wasser und einer Bürste gereinigt werden. Auch dürfen nicht zu viele Blechgeräte in dem gleichen Wasserquantum gewaschen werden, da ja das Fett in das Wasser übergeht und bei zu langem Gebrauch des inzwischen kälter gewordenen Wassers die

Reinigung der Gefäße immer schwieriger und unvollständiger vonstatten geht.

Das lästige Tropfen der **Kerzen** kann man leicht verhindern, indem man sie vor Gebrauch in Salzwasser badet und dann anschließend am offenen Fenster rasch trocknen lässt.

Der unvermeidliche **Kesselstein in Wassertöpfen** kann durch Ausspülen mit einer Salzsäurelösung rasch entfernt werden. Die Anwendung von Salzsäure ist unbedenklich, wenn man den Topf danach sauber auswäscht. Will man sie jedoch nicht benutzen, so löst man den Kesselstein durch Essigwasser auf, das man über Nacht in dem Behälter stehen lässt. Der Ansatz an den Topfwänden lässt sich dann mit einem Holzstäbchen leicht loslösen. Um Kesselsteinansatz zu beseitigen, lässt man ungefähr alle 3–4 Wochen in den Gefäßen, die Kesselsteinansatz zeigen, Kartoffelschalen eine Weile kochen; so wird man bemerken, dass der so unangenehm wirkende Kesselsteinansatz weniger wird, um im Laufe der Zeit gänzlich zu verschwinden. Dieses Verfahren hat den Vorteil, dass es den Gefäßen nicht in der Güte und Haltbarkeit schadet.

**Klaviertasten** reinigt man mit Wasser und Spiritus und einem Leinentuch, dann wird mit einem weichen Lederlappen nachpoliert.

Um **Korke** luftdicht zu machen, schmilzt man Paraffin in einem Kessel bei gelindem Feuer, wirft die trockenen Korke hinein und hält sie mittels eines durchlöcherten und beschwerten Deckels unter den Spiegel der Flüssigkeit. Nach 5 Minuten werden sie herausgenommen und abgekühlt. Sie lassen sich wie Wachs schneiden und in den Hals der Flasche leicht eintreiben.

Reinigen von **Kristall:** Blumenvasen aus Kristallglas und überhaupt Kristallsachen legt man zur Reinigung über Nacht in eine Lösung von Chlorkalk, spült sie am anderen Morgen in warmem Wasser gut ab und trocknet sie dann sorgfältig.

**Kupfer und Kupfergeräte** putzen und reinigen: Einen Lederlappen tauche man zuerst in Lehmwasser und darauf in Kupferfeilspäne und reibe damit das Kupfergeschirr so lange, bis es blank ist. Oder: Man löse Bitterkleesalz in Wasser auf und wasche damit das Kupfer gut ab. Dann putze man es.

Reinigen der **Messer:** Sofort nach dem Gebrauche sollen die Messer in laues Wasser gestellt und mit einem Lappen abgeputzt werden. Mit einem Korkzapfen und Messerputzpulver abgerieben, erhalten sie ihren Glanz wieder. Für größere Haushalte ist eine Messerputzmaschine zu empfehlen.

**Messer- und Gabelgriffe,** welche infolge des Gebrauches an Schwärze verloren haben, kann man durch mehrmaliges Bestreichen mit einer Eisenvitriollösung wieder herstellen. Ist die Abnützung so stark, dass Ersteres nichts hilft, so bestreiche man die Stiele mit einer Gerbstofflösung und reibe sodann jedes einzelne Stück mit Packpapier trocken, damit es nicht abfärbe.

**Messing putzen:** Am allerbesten zur Reinigung von Messing ist ein Putzen mit Hirschhorn und Essig. Zum Nachreiben nimmt man alsdann Fließpapier, welches man vorher in Weingeist taucht. Man wird sich über die hohe Putzkraft dieses Mittels wundern.
Alte Flecken auf Messinggegenständen entfernt man durch eine Mischung von 1/4 Liter Buttermilch und einem Esslöffel Tafelsalz. Mehrmaliges kräftiges Reiben der Flecken mit diesem Mittel lässt die Gegenstände wieder wie neu erscheinen.
Messinggriffe behalten tagelang ihren frischen Glanz, wenn man nach dem Reinigen eine rohe Kartoffel darüberreibt und noch einmal nachpoliert.

**Metall** wird wieder schön glänzend, wenn man einen Lappen in Mehl taucht und den Gegenstand damit abreibt.

Damit sich im **Mülleimer** und anderen Behältern kein Schimmel bildet, sollten Sie ihn regelmäßig mit einem essig- oder zitronensäurehaltigen Reinigungsmittel ausreiben.

**Pfannen,** in denen Eierkuchen, Schmarren, Bratkartoffeln geröstet werden, sollte man nur dann in heißem Wasser spülen, wenn sie längere Zeit nicht gebraucht werden sollen. Sonst reibt man sie nur sofort nach dem Entleeren mit einem Seidenpapier aus, vorausgesetzt, dass nichts angebacken ist.
Wenn die Pfanne gar nicht mehr sauber zu bekommen ist, geben Sie Salz hinein und erhitzen es, bis es vollkommen braun wird. Anschließend reiben Sie die Pfanne mit etwas Küchenkrepp aus.

Auch **Pfannen,** die beschichtet sind, bekommen manchmal Flecken. Da man an der Oberfläche nicht kratzen darf, reinigt man sie, indem man 150 ml Wasser mit 3 Esslöffeln Backpulver kurz darin aufkocht.

Druckstellen auf **Plüsch** lassen sich glätten, indem man ein heißes Bügeleisen auf 5–10 cm Abstand mehrmals darüberführt.

**Porzellan,** das Goldränder hat oder mit Goldmalerei verziert ist, darf niemals unter Verwendung von Soda oder anderen scharfen Mitteln gereinigt werden. Am besten geschieht die Reinigung mit Schwamm und lauwarmem Wasser. Polieren kann man Porzellan mit einem Lappen mit kristallisierter Zitronensäure.
Es bekommt dadurch einen wunderschönen Glanz.
Damit zartes Porzellan beim Stapeln keine Kratzer bekommt, legt man am besten Papierservietten zwischen die Teller.

**Rhabarberschalen** lassen sich als Reinigungsmittel für Aluminiumtöpfe verwenden. Man kocht sie in dem entsprechenden Topf, gieße sie aus und behandele die Töpfe dann von außen mit dem Aufguss. Die Töpfe erhalten ein frisches, weißes Aussehen.

**Rollläden** aus Plastik kann man sehr gut mit Wasser und etwas Weichspüler reinigen.

Entfernung von **Rost:** Um Rost von kleinen eisernen Gegenständen, welche sich leicht erwärmen lassen, zu entfernen, nimmt man ein Stück Bienenwachs, bindet dasselbe in einen nicht zu dicken Lappen und verreibt es auf dem warmen Eisen, welches dadurch einen feinen Wachsüberzug erhält. Darauf nehme man einen zweiten Lappen, tauche ihn in pulverisiertes Kochsalz und reibe damit Wachs und Eisen ab. Die Wirkung ist überraschend.

**Scheren** werden leicht unansehnlich und rostig. Da hilft es, wenn man sie mit einer Masse aus Wasser, Essig, Salz und Kleie einreibt.

**Scheren** niemals an die Wand hängen. Sie könnten beim Versuch (von Kindern z. B.), sie herunterzunehmen, herabfallen und jemanden verletzen.

Trockener Staub in den Vertiefungen von **Schnitzereien** u. Ä. lässt sich mit der Fahrradpumpe vertreiben.

**Schwämme pflegen:** Neue Naturschwämme weicht man in Milch ein und drückt sie öfter aus, damit sich Steinchen und Sand lösen. Schwämme, die durch lange Benutzung kein Wasser mehr aufsaugen, werden mehrere Stunden in verdünnte Salzsäure oder Essigwasser gelegt, wiederholt ausgedrückt und in klarem, kaltem Wasser gut nachgespült.
Gummischwämme reinigt man in leichtem, lauwarmem Sodawasser.

Reinigen von **Schwämmen:** Will man diese einer gründlichen Reinigung unterziehen, so überstreut man sie erst mit Salz und lässt sie so einige Zeit liegen (das Salz verbindet sich mit dem Schmutz). Hierauf übergießt man sie mit heißem Wasser und lässt sie wieder einige Zeit liegen, dann erst werden sie mit Seife gut durchgewaschen und geknetet. Schließlich spüle man erst warm, dann kalt nach, so lange bis sich das Wasser nicht mehr trübt.

**Spülbürste** und Küchenschwämme sollten ab und zu in der Geschirrspülmaschine mitgereinigt werden.

Der üble Geruch, der sich bei langem, unbenutztem Stehen der **Steintöpfe** bilden kann, weicht dadurch, dass man ein wenig übermangansaures Kali in heißem Wasser auflöst und dieses Wasser in den Topf gießt. Man stelle den Topf an einen möglichst warmen Ort, und man wird nach einiger Zeit feststellen können, dass der üble Geruch völlig verschwunden ist.

**Tafelsilber reinigen:** Auch das Silberbesteck wird zum größten Leidwesen der Hausfrau stumpf, sodass es einer gründlichen Reinigung des Öfteren bedarf. Man mache einmal einen Versuch damit, die zu reinigenden Gegenstände einige Minuten in kochend heiße Weinsteinlauge zu legen und sie dann mit einem weichen Leder nachzureiben. Man wird von der leichten, einfachen Behandlungsweise entzückt sein und immer wieder darauf zurückkommen.
Eine andere Möglichkeit, Silbersachen, die angelaufen sind, wieder blank zu bekommen, ist, wenn man sie in einen Behälter legt, mit heißem Kartoffelkochwasser übergießt und 10 Minuten darin lässt. Sie werden dann getrocknet und mit einem wollenen Lappen abgerieben. Tafelsilber lässt sich auch gut reinigen, indem man es in eine Lösung von einem Viertelliter heißem Wasser mit je einem Teelöffel Salz und Soda taucht. Man lasse das Silber einige Minuten in der Lösung, nehme es heraus, wasche es mit Seifenwasser und poliere die einzelnen Stücke mit Ziegen- oder Schafleder. Tafelsilber glänzt wie neu, wenn man es 24 Stunden in Bier legt, hinterher abspült und poliert.

**Tauchsieder** stellt man zum Entkalken über Nacht in kaltes Essigwasser oder kocht sie mit einer kräftigen Essig-Salz-Wasser-Lösung aus.

**Teflonpfannen** werden geschont und die Beschichtung hält länger, wenn man beim Stapeln ein Stück Küchenrolle dazwischenlegt. Dass man in der Teflonpfanne nicht mit Metall schaben und kratzen darf, wissen Sie ja sowieso.

**Teppichbesen,** die man wöchentlich einmal nur zwei Minuten in kochendes und gleich darauf in ganz kaltes Wasser taucht, werden so fest und dauerhaft, dass sie wenigstens doppelt so lange halten als andere, die nicht in dieser Weise behandelt wurden. Überdies kehren sie besser und beschädigen die Teppiche weniger.

Angebrannte **Töpfe** aller Art sind mühelos zu reinigen, indem man kaltes Wasser hineingibt und dieses mit einer Hand voll Soda langsam aufkochen lässt.

In enge **Vasen** kommt man oft nicht mit der Flaschenbürste. Füllen Sie sie mit Wasser mit Spülmittel und tun Sie einen Löffel Reis dazu. Die Vase wird wieder ganz sauber, wenn man sie eine Zeit lang kräftig geschüttelt hat.

Als **Vasenschmuck** kann man schön gefärbtes Herbstlaub haltbar machen. Man schneide die Zweige nicht zu spät, trockne sie oberflächlich zwischen Fließpapier und tauche sie dann in ein Wasserbad, das etwas Glyzerin enthält. An Stelle von Glyzerin kann auch Chlorkalzium benutzt werden.

Schutz für **vernickelte Gegenstände:** Vernickelte Gegenstände schützt man vor Anlaufen und Blindwerden in folgender Weise: Die Gegenstände werden einige

Sekunden in ein Bad, welches aus Schwefelsäure 1 zu 50 und reinem Spiritus besteht, eingetaucht und in klarem Wasser unter Zusatz von reinem Spiritus abgewaschen und in Holzmehl abgetrocknet.

Reinigen von **Wachstüchern** darf nicht durch Seifenwasser geschehen, da die Seifenlauge den schmückenden farbigen Aufdruck der Wachstuchdecken fortreißt. Statt Seife verwendet man mit Vorteil Milch, mit der man das Abwaschtuch befeuchtet. Milch hat die gleiche Reinigungskraft wie Seife, greift aber den Druck nicht an.

Ist der **Wasserhahn** verkalkt? Binden Sie einen kleinen Plastikbeutel mit Essig oder Entkalker über die Düse und lassen Sie ihn dran, bis sich der Kalk gelöst hat.

Reinigen von **Weinflaschen:** Weinflaschen reinige man nicht mit Bleischrot, sondern mit Wasser, dem etwas Salzsäure (Gift!) zugesetzt wurde. Sehr schmutzige Flaschen reinigt man am besten, indem man 20 Gramm Chlorkalk in 1 Liter Wasser auflöst und die Flaschen bis auf den Rand mit dieser Flüssigkeit füllt. Man lasse dieselben dann einige Tage stehen und spüle sie mit klarem Wasser tüchtig aus.

**Werkzeug** setzt keinen Rost an, wenn man ein Stück Kreide in den Werkzeugkasten gibt. Dadurch wird die Feuchtigkeit aufgesaugt.

**Zahnputzgläser** sehen leicht unappetitlich aus. Wenn man sie einmal wöchentlich in heißer Kochsalzlösung auswäscht, entstehen keine Beläge.

Wie schützt man **Zimmerpflanzen** gegen Frost: Auch im Winter hat man die Angewohnheit, die Blumentöpfe auf die Fensterbretter zu stellen. Eigentlich sollte das nicht geschehen, weil durch die Fensterritzen die Kälte eindringt und auf die Pflanzen schädlich einwirkt. Viel besser ist es, den Blumentisch damit zu garnieren. Wer aber dennoch die Blumentöpfe auf das Fensterbrett stellen will, muss in besonders kalten Perioden die Blumen vor dem Erfrieren schützen, indem er aus Zeitungspapier Tüten fertigt, die er über die Blume stülpt. Das Papier hält die von den Blättern ausströmende Wärme zusammen, ebenso hält es die von außen eindringende Kälte ab. Diese Tüte ist somit ein sicherer Schutz gegen das Erfrieren.
Ein anderes zweckmäßiges Mittel ist das folgende: Man rückt die einzelnen Blumentöpfe auseinander und stellt dazwischen einige Schalen oder Tassen mit kaltem Wasser. Da bekanntlich Wasser die Kälte anzieht, bleiben die Blumen bis zu einem gewissen Kältegrade vom Froste verschont, und selbst wenn das Wasser in den Gefäßen gefriert, braucht man um die Zimmerblumen noch nicht besorgt zu sein. Nur wenn sich die Eisschicht in den Gefäßen immer mehr verdickt, ist es ratsam, auch in diesen Zimmern die Blumen mit der Papierhülle zu umkleiden oder von den Fensterbrettern zu entfernen.

Wenn man **Zimmerpflanzen** einmal wöchentlich mit Kamillentee gießt, gedeihen sie wunderbar und man muss keinen teuren Dünger kaufen.

**Zinkgegenstände reinigen:** Hierfür nimmt man im Ofen getrocknetes oder geröstetes Küchensalz, zerreibt es zu Mehl, streut es auf einen wollenen Lappen und putzt dann das Gefäß so lange, bis der Silberglanz eintritt. Man kann zum Putzen auch Aschenlauge benutzen. Eine andere Möglichkeit ist, dass man einen Teil Schwefelsäure mit zwölf Teilen Wasser vermischt und den Gegenstand entweder einige Sekunden hineintaucht und dann mit einem Lappen nachreibt oder einen mit Flüssigkeit befeuchteten Lappen zum Abreiben verwendet.

**Zinngeschirr reinigen:** Aschenlauge (aus Holzasche, Zigarrenasche u. Ä.) wird zum guten Reinigen der Zinn- oder Britanniageschirre benutzt. Hat man die zu putzenden Stücke damit abgerieben, so streut man trockenes Salz auf einen wollenen Lappen und putzt das Geschirr. Auf diese Art verursacht es dem Zinn weder Streifen noch Ritze, sondern verleiht ihm den schönsten Silberglanz. Dieses Mittel hat den Vorzug, überall zur Hand zu sein.

**Zinngerät** reinigt man, indem man es im Winter mit Kohlblättern und im Sommer mit Zinnkraut abreibt.

# Bewährte Putzmittel

Es ist nicht genügend bekannt, dass die Asche von Briketts ein ausgezeichnetes Putzmittel ist. Man taucht einen wollenen oder ledernen Putzlappen hinein und reibt die Gegenstände scharf damit ab. Ganz besonders ist es der Brennerrand an alten Lampen, welcher zuweilen gar nicht weicht, der mit diesem einfachen, kostenlosen Mittel mit Leichtigkeit poliert werden kann. Man versuche es nur.

**Verwendung von Zigarrenasche:** Zigarrenasche soll niemals weggeworfen werden! Sie ist ein vorzügliches Putzmittel für alle Metalle. Sind diese mit größeren Flecken behaftet, so vermischt man die Asche mit einigen Tropfen reinen Petroleums, lässt sie einige Augenblicke auf den betreffenden Stellen liegen, verreibt sie dann, spült mit lauwarmem Wasser nach und poliert die Gegenstände mit einem reinen Wolltuche.
Auch feine Schmucksachen von Gold und Silber kann man mit Zigarrenasche gut reinigen.
Schließlich lassen sich weiße Flecken, die durch Hinstellen heißer Gefäße auf Möbeln entstanden, mit Asche leicht beseitigen: Die mit Petroleum angerührte Masse wird auf die Flecken getupft, nach einiger Zeit mit einem über einer brennenden Lampe geschwärzten Korken tüchtig verrieben, bis die Flecken fort sind, und dann weggewischt. Danach behandelt man die Stellen erst mit einem Ledertuche und lauem Wasser,

dann mit Möbeltinktur und einem Leinenläppchen. Zuletzt werden sie mit einem Flanelltuch blank gerieben.

**Essig als Scheuermittel:** Essig ist ein vorzügliches Reinigungsmittel, das z. B. von Fachleuten wie Kupfer- und Messingschmieden jedem anderen Putzmittel vorgezogen wird. Man gießt gewöhnlichen Essig in eine Schale und setzt ihm etwas Küchensalz zu. Mit einem von dieser Flüssigkeit ganz durchtränkten Tuch reibt man nun die betreffenden Gegenstände ab. Vorzüglich bewährt sich das Verfahren auch für Zinkblech, also z. B. für die Reinigung von Zinkbadewannen, der Blecheinsätze von Aufwaschtischen, zum Scheuern der Fensterbleche. Man darf aber nicht etwa den Essig in die Blecheinsätze gießen und darin stehen lassen, sonst entstehen Flecken.
Die Säuberung eiserner Kochgeschirre, das Blankputzen der Messerklingen und Gabelzinken – alles geschieht mit diesem einfachen Mittel sozusagen in einem Arbeitsgang, spart also auch Zeit und Tücher. Kupfer und Messing müssen gleich nach dem Blankputzen mit kochend heißem Wasser überspült werden, damit sie sofort trocknen und keinen Grünspan ansetzen.
Zum Fensterputzen setzt man dem Wasser einen Schuss Essig zu und etwas Salz. Das Wasser soll warm sein. So erzielt man klare, durchsichtige Scheiben.
Im Winter vermeidet man das Beschlagen der Fenster, wenn man bei dunstigem Wetter die Scheiben öfters mit essigbefeuchtetem Tuch abwischt.

Auch Glas, Kristall, Lampenglocken, in schwach gesalzenem Essigwasser gespült, werden hell und durchsichtig, ebenso Spiegel- und Bilderglas.
Mit Essig kann man Kessel und andere Gefäße entkalken, indem man Essig in das Gefäß füllt, über Nacht stehen lässt und es dann reinigt.
Kalk von Badezimmerfliesen wird mit Essig entfernt.
Etwas Essig im letzten Spülwasser frischt die Farben bunter Wäsche auf.
Metallene Duschköpfe in Essigwasser 20 Minuten kochen (Plastikduschköpfe über Nacht einweichen).
Zur Entfernung der Nissen der Kopfläuse ist Essig gut geeignet. Man wäscht das Haar bzw. die Schläfengegend, wo sich Nissen befinden, mit Essig.

**Kaffeesatz nicht wegwerfen!** Kannen und Krüge sind durch langen Gebrauch trübe geworden. Ein gutes Reinigungsmittel ist der verachtete Kaffeesatz. Man tut einen Teil in die Kannen, gießt etwas Wasser darauf und lässt diese Mischung eine Weile einwirken. Dann mit frischem Wasser nachspülen. Pfannen und anderes Kochgeschirr, das viel mit Fett in Verbindung kommt, reibt man mit gut ausgetrocknetem Kaffeesatz gründlich ab, bis sie ganz blank sind. Besonders eiserne Pfannen und Tiegel werden wie neu.
Will man Teppiche reinigen und auffrischen, so verwendet man ebenso Kaffeesatz. Man lässt ihn etwas trocknen und streut ihn dann über die Teppiche, auf denen man ihn leicht verreibt und gut abbürstet oder absaugt. Besonders rote Teppiche werden dadurch wie neu und

verlieren alle Flecken. Fast alle Teppiche vertragen diese Methode der Reinigung. Auch bei Herren- und Damenkleidern bewährt sich Kaffeesatz vielfach zum Entglänzen, namentlich bei schwarzen Stoffen aus Tuch oder Cheviot, die ja bekanntlich schnell glänzend werden. Unpoliertes dunkles Holz verträgt eine Behandlung mit Kaffeesatz sehr gut. Treppenstufen, Türen und ähnliche viel benutzte Gegenstände reibt man mit fast trockenem Kaffeesatz gründlich ab und poliert sie dann, nachdem man sie mit einem Wolllappen getrocknet hat, mit Bohnerwachs leicht nach. Bei poliertem Holz darf dieses Verfahren aber nicht angewandt werden, ebenso wenig bei hell gestrichenem oder lasiertem.
Wenn Sie einen Garten haben, tun Sie den übrig gebliebenen Kaffeesatz auf den Komposthaufen. Die Regenwürmer werden davon angezogen und durchwühlen die zu kompostierenden Abfälle, sodass schneller Humus entsteht.

**Das doppeltkohlensaure Natron**, ein seit Jahrhunderten bekanntes Mittel, lässt sich im Haushalt vielfach verwenden. Eine Messerspitze Natron verhindert im Sommer das schnelle Sauerwerden von Milch und Fleischbrühe.
Gleich gut erweist sich dieses Salz, indem durch einen Zusatz an Natron alle Hülsenfrüchte, Erbsen, Bohnen, Linsen, schneller weich gekocht werden. Durch einen kleinen Zusatz an Natron verlieren die Gemüse ihre grüne Farbe beim Kochen nicht.

Eine Messerspitze davon genügt im Kaffeemehl und der Kaffee schmeckt aromatischer.
Auf ein Pfund Mehl ein Löffelchen in warmer Milch aufgelöstes Natron dem Teig zugefügt, ersetzt die Hefe.

Mit einem Tropfen **Öl** kann man im Haushalt viel bewirken. Da sind Türen, Haushaltsmaschinen, Handwerkszeug und mancherlei Küchengeräte, deren stetes Bereitsein uns selbstverständlich ist, deren Pflege wir aber allzu leicht vergessen.
Warum gönnen wir unseren Türangeln nicht ein Tröpfchen Öl, bevor sie zu quietschen anfangen? Auch die Türschlösser kriegen ein wenig Öl ab und danken es durch unhörbares Vor- und Zurückgleiten. Fensterriegel werden beweglich, wenn wir das Ölkännchen tropfend über sie neigen. Vorlegeschlösser im Keller, leicht angerostet, sind auch recht dankbar über einen Tropfen Öl. Blechgeräte in der Küche, Wiegemesser, Hackbeil bekommen einen feinen Fettüberzug, auch die Schneidegeräte im Werkzeugkasten. Selbst Hammer und Zangen sind dafür dankbar.
Die Gartengeräte werden nach dem Säubern kurzerhand mit einem Öllappen eingerieben und glänzen danach wie neu.
Beim Gartenschlauch tut eine Abreibung mit glyzeringetränktem Lappen Wunder, weil er ihn geschmeidig erhält und vor Brüchen schützt.
Auch Kinderwagenräder und unser Fahrrad brauchen ein wenig Fett zur rechten Zeit, damit sie haltbar bleiben.

Um Flecken aus Möbeln zu entfernen, wirkt eine Mischung aus Olivenöl und Salz wahre Wunder.

**Wundermittel Salmiakgeist (Vorsicht, Gift!):** Er wird, wie so viele andere nützliche Dinge, aus Kohle gewonnen und stellt eines der Nebenprodukte bei der Gasgewinnung dar. Er leistet der Industrie, dem Arzt und der Hausfrau ausgezeichnete Dienste.
Salmiak macht das Wasser weich und erhöht seine Reinigungskraft. Darum steht eine kleine Glasflasche, gekennzeichnet mit einer Binde mit dem Totenkopfzeichen, in fast jedem Haushalt, vorsichtig aufbewahrt, sodass die Kinder sie nicht erreichen können.
Die Flasche muss luftdicht verschlossen sein, da bei längerem Luftzutritt der stechende Geruch verloren geht und damit die Wirkung des Salmiakgeistes aufgehoben wird. Will man die Flasche mit einem Korken verschließen, muss man ihn vorher mit siedendem Parafin tränken, sonst wird er von der Säure zerstört – aber heute gibt es ja praktische Schraubverschlüsse. Dieser ätzenden Wirkung halber soll die Salmiakflasche ihren Platz abseits von Stoffen und Metallgegenständen erhalten. Aber gerade diese Eigenschaft macht sich die Hausfrau zunutze, wenn sie den Salmiakgeist zum Putzen und Reinigen heranzieht.
Metallgegenstände werden spiegelblank, wenn man sie mit stark verdünntem Salmiakgeist, dem man etwas Kreide beimengt, behandelt. Durch sorgfältiges Abspülen und Trockenreiben ist die Masse zu entfernen.

Silbersachen erhalten neuen Glanz, wenn man sie mit einem dünnen Teig aus sehr feinem Kreidemehl und Salmiak bestrichen hat. Man bürstet die Silbergegenstände so lange mit einer weichen Bürste oder reibt sie mit einem weichen Tuch ab, bis die Masse entfernt ist. Etwas Kreidemehl zum Nachreiben auf Bürste oder Tuch genommen, erhöht den Glanz. Bürsten und Kämme bedürfen heute mehr denn je einer schonenden Behandlung. Das Reinigen erleichtern einige Tropfen Salmiakgeist, die wir dem leichten Seifenwasser beifügen. Bei Bürsten mit gestrichenem oder gelacktem Holzteil achten wir darauf, dass er nicht nass wird, da sonst die Farbe leidet. Bürsten zum Trocknen mit den Borsten nach unten legen.
Auch Fettflecken beseitigt Salmiakgeist. Staub-, Schweiß- und Milchflecken sowie allerlei Schmutzflecken lassen sich beseitigen, indem man sie mithilfe eines Läppchens aus dem Stoff herausreibt, die Stelle dann mit verdünntem Essig betupft und anschließend auswäscht.
Stockflecken reibt man am besten mittels einer weichen Bürste mit Spiritus heraus; in hartnäckigen Fällen setzt man dem Spiritus einige Tropfen Salmiakgeist zu und wiederholt das Abreiben.
Wen stach nicht irgendwann einmal ein Insekt? Durch Betupfen mit Salmiakgeist kann man Schmerz und Geschwulst, vor allem bei jedem Bienen- und Wespenstich – wenn es sofort geschieht – lindern oder sogar beseitigen. In unverdünntem Zustand ist Salmiakgeist ätzendes Gift! Bei Vergiftungen mit Salmiakgeist ist daher sofort der Arzt aufzusuchen!

**Wofür Salz alles gut sein kann!** Salz war schon in den ältesten Zeiten ein unentbehrliches Würzmittel und wertvolles Gut.
Abgaben und Tribute, ja sogar Gehälter wurden in Salz bezahlt. Wie früher, so gilt auch heute noch das Verschütten von Salz als unglückbringend, und noch heute pflegen wir den alten Brauch, unseren Freunden beim Einzug in eine neue Wohnung Salz und Brot mitzubringen.
Aber Kochsalz findet heutzutage nicht nur als Würze Verwendung. Wegen seiner reinigenden und keimhemmenden Wirkung ist es für allerlei andere Zwecke im Haushalt zu gebrauchen.
Um das Platzen und Auslaufen von Eiern beim Kochen zu verhindern, fügt man dem Kochwasser etwas Salz zu. Durch eine Prise Salz im Eiweiß wird es beim Schlagen schneller steif. In beiden Fällen wirkt das Salz gerinnungsfördernd.
Eine Spur Salz dem gemahlenen Kaffee zugesetzt, hält dessen Aroma besser, besonders wenn er in gemahlenem Zustand längere Zeit aufbewahrt wird.
Aromaverfeinernd wirkt auch die berühmte Prise Salz in Süßspeisen.
In der Küche ist Salz ferner als ausgezeichnetes Reinigungsmittel verwendbar. So werden Glas, Kristall und Porzellan blitzblank durch Abreiben mit einer Bürste, in die trockenes Kochsalz eingerieben wurde. Gusseiserne Gefäße, Pfannen, Töpfe, können ebenfalls mit trockenem Salz und etwas Seidenpapier gesäubert werden.
Kupfer- und Messingsachen werden schön blank, wenn

man sie mit Salz, dem etwas Zitronensaft zugesetzt wurde, abreibt.
Unangenehm sind in der Küche die fettig gewordenen Holzbretter und Holzlöffel. Auch sie können durch Abreiben mit Salz fettfrei und klar erhalten werden. Weiter können alle Korbwaren mit Salzwasser sauber gemacht werden. Papierkörbe, Korbmöbel werden durch diese Behandlung ganz frisch und sauber.
Auch bunte Möbelstoffe und Gardinen können durch Spülen in Salzwasser wunderbar aufgefrischt werden.
Bekannt ist auch die Verwendung von Salz zur »ersten Hilfe«. Seine keimtötenden Eigenschaften machen es geeignet als Gurgelwasser, wobei man einen Teelöffel Salz auf ein Glas Wasser rechnet. Haben wir uns in der Küche verletzt und es ist kein Jod zur Hand, um die Wunde zu desinfizieren, so können wir uns helfen, indem wir etwas Salz aufstreuen. Das beißt zwar etwas, tut aber der Wunde sehr gut.
Eine starke Salzlösung kann auch zur Reinigung und Desinfizierung von Zahnbürsten benutzt werden.
Von der keimtötenden Wirkung des Salzes macht man auch in der Blumenpflege Gebrauch. Der Teelöffel Salz in der Vase mit Schnittblumen hat keine andere Bedeutung als die, das Wachstum der Fäulnisbakterien zu unterbinden, durch die bekanntlich die Aufnahmefähigkeit der Blumenstiele für Wasser stark beeinträchtigt wird.
Und nun zum Schluss noch etwas über das Entfernen von Flecken mit Salz. Man macht in diesem Fall hauptsächlich von der aufsaugenden Wirkung des Salzes

Gebrauch. Auf frische Rotwein- oder Tintenflecke streut man es deshalb am besten sofort und wäscht es, nachdem es sich mit der Flüssigkeit voll gesogen hat, gut mit lauwarmem Wasser aus.

**Sandpapier in verschiedenen Stärken:** Holzgeräte in der Küche, die durch Gebrauch rau geworden sind, mit grobem Sandpapier zu glätten, wäre grundfalsch. Hier eignet sich nur ein feiner Grad, denn das Holzgeschirr ist empfindlich, und man würde mit grobem Papier genau das Gegenteil von dem erreichen, was man beabsichtigt. Mit feinem hellen Sandpapier aber gelangt man zu einer guten Wirkung, denn alle Unebenheiten glätten sich, dunkle Stellen im Holz verschwinden, und wir haben nun wieder Geräte, die beinahe mit neuen in Wettbewerb treten können.
Rost an Eisentöpfen und Tiegeln lässt sich durch grobes Sand- oder besser Schmirgelpapier entfernen.
Kuchenbleche und die Ränder des Küchenherdes werden blank, wenn man sie mit grobem Schmirgelpapier gründlich abreibt.
Für Behandlung der Möbel ist Sandpapier, so sonderbar das vielleicht mancher Hausfrau zuerst erscheinen mag, ebenfalls nicht zu entbehren. Vor dem Neuanstrich von Möbeln ist ein Abreiben mit grobem Sandpapier unerlässlich, denn auf diese Weise werden nicht nur Schmutzstellen entfernt, Unebenheiten geglättet, sondern auch der alte Anstrich beseitigt oder wenigstens aufgeraut, da der neue Anstrich sonst nicht hält. Will man also ein Abspringen der neuen Farbe vermeiden,

so reibe man die gestrichenen Möbel vor der Behandlung gründlich mit Sandpapier ab, nachdem sie mit Wasser und Seife abgelaugt sind, denn nur so ist man sicher, dass auch der neue Anstrich ordentlich hält. Klemmen Schubfächer, so ist das ein Zeichen dafür, dass das Holz sich verzogen hat, was unter dem Einfluss feuchter Luft geschieht, die im Zimmer herrscht. Deshalb müssen die Kästen an den Seiten mit mittelfeinem Sandpapier abgerieben werden. Sie lassen sich auf diese Weise wieder leicht und mühelos einschieben. Den weichen Haarfilzhut vom vorigen Jahr frischt man auf mit feinstem Sand- oder Glaspapier, indem man immer in gleicher Richtung über den Filz streicht.

**Schneiderkreide** saugt Fettflecken auf. Man schabt sie mit dem Messer auf den Fleck, lässt die Kreide einige Zeit einwirken und bürstet sie dann aus.

**Die Zitrone als Hausmittel:** Tintenflecke werden von den Händen, aber auch von weißen Dielen mit Zitronensaft entfernt. Badeschwämme reinigt man, indem man sie mit Zitronensaft beträufelt, dies mehrere Stunden einwirken lässt und dann die Schwämme mit klarem Wasser auswäscht. Helle Strohhüte reinigt man durch einen Brei von Zitronensaft und Schwefel, d. h., man bürstet den Hut sorgfältig mit diesem Brei ab, spült mit klarem Wasser nach und lässt den Hut an einem schattigen, luftigen Orte trocknen.
Außer als Putzmittel ist Zitronensaft gut gegen Gicht und Harnsäurebeschwerden, hat eine entkeimende

Wirkung bei Halsentzündungen und ist in vielen Schönheitsmitteln enthalten.

**Kristalline Zitronensäure** ist ein ausgezeichnetes Putzmittel für Waschbecken, Bad und Armaturen. Ohne viel Kraftaufwendung kann man damit auch ältere Kalkablagerungen beseitigen. Das Pulver (reine Zitronensäure) erhält man in der Drogerie. In der Apotheke gekaufte Zitronensäure ist zum Putzen zu teuer. Auch die Kaffeemaschine lässt sich mit Zitronensäure – in Wasser aufgelöst – entkalken.
Beseitigung von üblen Gerüchen: Hat man mit Tran, Petroleum oder anderen unangenehm riechenden Sachen zu tun gehabt, so bringt meist ein tüchtiges Waschen mit Wasser und Seife den unangenehmen Geruch nicht ganz von den Händen fort. Ein einfaches, bequemes Mittel, sofort den Geruch zu entfernen, ist Senfmehl, welches man mit Wasser anrührt und alsdann die Hände darin abreibt. Auch bei ansteckenden Krankheiten ist diese Methode sehr zu empfehlen, weil sie zugleich desinfizierend wirkt. Jedoch nicht nur für die Hände ist das Mittel zu gebrauchen, auch Gegenstände jeglicher Art kann man damit geruchlos machen. Schlechte Gerüche in Zimmern kann man entfernen, indem man über Nacht eine Schale mit Wasser aufstellt, in die man ein Pfund Zwiebeln schneidet. Am anderen Morgen ist die Luft im Zimmer rein und sauber.

# Schädlingsbekämpfung von A–Z

Wie vertreiben wir **Ameisen** aus der Küche? Ameisen sind große Freunde von Süßigkeiten aller Art. Gewöhnlich werden Sie durch offen stehende Marmeladen- und Geleegläser oder unverschlossene Zuckerbüchsen angelockt. Meist gelingt es leicht, die Tiere zu vertreiben, wenn man alle mit Zucker zubereiteten Speisen gut zudeckt.
Gewürznelken können Ameisen nicht ausstehen. Wenn Sie die Nelken in der Küche auslegen, werden die Tierchen bald verschwinden.
Wenn Sie durch den Weg der Ameisen dicke Kreidestriche ziehen, so sind die Tierchen nicht in der Lage, die Striche zu überqueren. Sie können aber auch die Ameisen durch einen in Zuckerwasser getränkten Schwamm anlocken und dann vernichten. Ein sehr guter Köder ist auch eine Mischung von 7 Teilen Zucker, 5 Teilen Wasser und 1 Teil Borax. Diese dicke Flüssigkeit auf einem Pergamentpapier ausgelegt, lockt garantiert alle Ameisen an.
In Gemüsegärten ist das Auslegen von mit Vitriol bestrichenen Latten das einzig sichere Mittel, diese von den Pflanzungen abzuhalten. Das Ausstreuen von ungelöschtem Kalk ist bei trockenem Wetter ebenfalls zu empfehlen.

**Asseln** trifft man vorwiegend in feuchten Kellern an. Eine Trockenhaltung des Kellers ist wichtig und eventuell ein Ausstreuen von gebranntem Kalk erforderlich. Durch aufgestellte Birkenbesen kann man die Asseln anlocken und täglich in einen Eimer heißes Wasser ausschütteln. Auch ausgehöhlte Kartoffeln locken die Asseln an und man kann sie dann vernichten.

Gegen **Blattläuse** helfen nur Marienkäferchen, auch Siebenpunkt genannt. Sie gehören zu den nützlichsten Garteninsekten, denn sie ernähren sich, ebenso wie ihre Larven, von den schädlichen Blattläusen. Ja, man kann sie geradezu als »Gartenpolizei« verwenden, indem man die Käferchen an besonders stark mit Blattläusen befallenen Pflanzen absetzt. Also holt euch diese kleinen Helfer – sie überwintern gerne in Fensternischen und freuen sich besonders auf ihr Leibgericht. Die Larven der Marienkäfer, die im Aussehen kleinen Schnecken gleichen, werden oft aus Unkenntnis für schädlich gehalten und vernichtet. Sie unterscheiden sich aber von den Schnecken dadurch, dass sie keine Fühlhörner haben und der Vorderteil beim Fressakt zu einem dünnen Hals ausgedehnt wird. Die Larven sitzen bei hellem Sonnenschein mitten in den Blattlauskolonien. Um sie herum kann man die Blattlausbälge liegen sehen, die von den Larven ausgesogen worden sind. Ein alter Volksspruch heißt: Maria durch den Garten ging, ein Käflein ihr im Haare hing. Sie segnet seine Flügeleyn: »Gott will es – du sollst nützlich seyn!« Auch eine Waschung mit Tabaksaft oder Nikotinseife soll gegen Blattläuse helfen. Man kann auch den Sud von Zwiebelschalen an die Pflanzen geben.

Wir wissen, dass die **Fliegen** Überträger von Keimen sind, die Krankheiten verursachen. Wenn sie ihre Eier auslegen – mit Vorliebe auf Lebensmitteln –, aus denen sich in kurzer Zeit Maden und Larven entwickeln, vermehren sie sich in erschreckendem Maße. Speziell im Sommer, wenn wir sie auf allem möglichem Unrat herumsitzen sehen, wird uns bewusst, wie unappetitlich es ist, wenn sie auf unseren Lebensmittel sitzen.
Deshalb gehören Gazehauben über alle Nahrungsmittel oder man bewahrt sie in einem Gazeschränkchen auf. Die Speisen stehen in diesem Schrank luftig und den Fliegen ist der Zugang versperrt. Am besten ist es natürlich, wenn man sie in einen Kühlschrank stellt.
In der Küche und den anderen Räumen sind Essigschalen, die sehr sauber gehalten werden müssen, angebracht. Es hilft auch schon, wenn Sie von Zeit zu Zeit einige Tropfen Essig auf der Herdplatte verdampfen lassen.
Ein weiteres gutes Mittel ist bei windigen Sommertagen der Durchzug.
Auch eine Tomatenpflanze oder Rizinuspflanze am Fenster vertreibt die Fliegen, da sie den Geruch nicht mögen. Dasselbe gilt für Lavendelduft. Ein Säckchen mit Lavendelblüten, irgendwo im Raum aufgehängt, vertreibt die lästigen Schädlinge.

Der **Holzwurm** ist meistens in alten Möbeln zu finden. Sichtbar sind nur die Löcher und das herausrieselnde Bohrmehl. Deshalb: Zuerst alles Holzmehl mit der Saugbürste des Staubsaugers oder der Radfahrpumpe

aus den Löchern blasen und ein Vertilgungsmittel mit feiner Spritze in die Löcher spritzen, die dann mit Wachs oder Tischlerleim verschlossen werden. Nach zwei Tagen erst blank reiben.
Angeblich verschwinden Holzwürmer auch, wenn man das Möbelstück ein bis zwei Wochen täglich mit einer halben Zwiebel einreibt. Sie werden sich wundern, aber Holzwürmer lieben Eicheln. Stellen Sie einen Teller mit Eicheln vor die Wurmlöcher. Der Geruch lockt sie hervor.

**Hunde** sind zwar keine Schädlinge und wir Menschen können sie gut leiden. Wenn man aber nicht will, dass sie ihr Bein am Hauseck, Treppengeländer usw. heben, muss man die Stellen nur mit einer leichten Lysollösung begießen. Wir Menschen riechen das nicht, aber die Hunde gehen lieber weg.

Kopfläuse **vernichten:** Man wasche den Kopf mit Spiritus oder Petroleum und bindet ein wollenes Tuch darüber. Nach einigen Stunden gründlich waschen. Vorsicht! Achten Sie darauf, dass kein offenes Feuer in der Nähe ist!

**Mäuse** fern halten: Eigentümlicherweise hat man beobachtet, dass Mäuse den Geruch wilder Kamille nicht leiden können und Räume meiden, in denen solche aufbewahrt wird. Da die Kamillen zur Sommerzeit leicht, reichlich und kostenlos zu erreichen sind, so sammle man sie und lege kleine Bündel in Keller, Boden,

Schränke und Speisekammer. Außerdem hassen Mäuse Terpentingeruch. Man vertreibt die Tiere, indem man den Zugang der Mäuselöcher mit in Terpentin getränkten Tüchern verstopft.
Wenn man etwas Kampfer oder Pfefferminzöl auslegt, nehmen die Tierchen auch Reißaus und man kann sich die Falle ersparen.
Ein anderer Weg ist es, die Löcher mit Korken zuzustopfen oder gleich zuzugipsen.
Wenn man mit Mäusefallen arbeiten will, so müssen sie vor jedem Gebrauch mit kochendem Wasser überbrüht werden. Es ist auch wichtig, den Köder zu wechseln (Käse, Hering, Wurst, gebratener Speck).

Zum Thema **Motten:** Diese kleinen Tierchen schwirren zwar schon im Mai und Juni herum, legen aber erst im Juli und August ihre Eier ab, aus diesen entwickeln sich dann die Maden, und sie sind es, die schon so manchen Kummer der Hausfrau zugefügt haben. Man sollte daran denken, dass die Nachkommenschaft eines einzigen Mottenweibchens jährlich etwa 30 kg Wolle fressen kann. So muss denn hier kurz gesagt werden, was am zweckmäßigsten zur Vernichtung dieser Schädlinge getan werden kann.
Bekanntlich fliegen die Motten dem Licht entgegen. Da sich nun die Motten mit Vorliebe in dunklen Räumen, die vor Zugluft geschützt sind, aufhalten, so richte man sein Augenmerk besonders auf diese Zimmer. Hat man tagsüber oder bei brennendem Licht umherschwirrende Motten bemerkt, so nehme man eine große Schüssel

voll Wasser, stelle ein brennendes Licht hinein (z. B. einige Schwimmkerzen) und lasse das Licht ruhig herunterbrennen. Am folgenden Morgen wird man die toten Motten scharenweise in der Schüssel finden.
Starke Gerüche können die Motten nicht vertragen. Will man den Tieren also mit Gerüchen zu Leibe gehen, so lege man in Karbol getauchte Wattebäuschchen in den Schrank, zwischen die Pelzsachen, stecke sie in die Polstermöbel, und man kann mit ziemlicher Sicherheit annehmen, dass die Motten ausreißen. Auch gegen Petroleum haben sie eine starke Abneigung, während Pfeffer nicht als besonders wirksam gilt.
Gute Resultate erzielt man mit gewöhnlichem Zeitungspapier. Die Motten können die Druckerschwärze nicht vertragen, und man kann mit ziemlicher Sicherheit behaupten, dass Garderobestücke, die sorgfältig in Zeitungspapier eingeschlagen sind, von Motten verschont bleiben. Natürlich darf an keiner Stelle der Stoff auch nur einen Zentimeter herausschauen.
Es empfiehlt sich in den besagten Monaten Juli und August, die gefährdete Kleidung öfters an die Sonne zu hängen oder dem Luftzug auszusetzen. Den gestörten Motten erscheinen die Sachen nicht mehr geeignet, um ihre Eier abzulegen – und sie fliehen. Außerdem sitzen die Eier lose auf den Stoffen, durch häufiges Klopfen – möglichst im Freien – kann man die Brut vernichten. Man darf auch nicht vergessen, sich Nähte, Säume, Umschläge, Falten, Manteltaschen usw. gründlich vorzunehmen und alle Flecken zu entfernen, da fleckige Stellen bei den Motten besonders beliebt sind. Erst

wenn man sich davon überzeugt hat, dass alle Kleidungsstücke mottenfrei sind, kann man ans Verpacken in Mottensäcke oder Kisten gehen.
Mottenbrut in Teppichen wird vollkommen vernichtet, wenn man ein feuchtes Tuch auf den Teppich breitet und dieses dann mit sehr heißem Eisen trockenplättet. Das haben die Motten auch nicht gerne: Zum Glück haben sie einen wesentlich anderen Geschmack als wir Menschen, und wir können sie deshalb mit allerlei Kräutern vertreiben. Das ist zuerst das Pfefferminzkraut. Wo es zu finden ist, da hält sich keine Motte länger auf. Ebenso ergeht es ihr auch mit dem wohlriechenden Waldmeister. In der Küche wird der Borretsch, auch Gurkenkraut geheißen, als Gewürzpflanze zu allerlei Salaten verwandt. Anders denken die Motten darüber, die der Geruch in die Flucht schlägt.
Die Blätter des Rosmarinstrauches dienen in getrocknetem Zustand zur Vertreibung der Motten und anderer wenig angenehmer Insekten, daher auch der Name: Motten-, Wanzen- oder Läusekraut. Schließlich muss auch noch der gelbe Steinklee genannt werden. Er wird getrocknet in Kleiderschränke getan.

Um **Mücken** fern zu halten, kann man ein paar Tropfen Lorbeeröl in ein Schälchen oder Öllämpchen geben. Auch Rizinuspflanzen mögen sie nicht. Wenn Sie in jedem Zimmer eine Pflanze aufstellen, verschwinden die Mücken. Außerdem können sie den Geruch von Tomatenpflanzen nicht leiden und suchen das Weite.

**Schaben** gehen an Esswaren aller Art, in alten Häusern sowie an feuchten und finsteren Plätzen. Zur Vernichtung lockt man die Tiere mit Tüchern, die mit Köder getränkt sind (Bier- oder Weinreste), an und vernichtet sie dann mit heißem Wasser.
Schaben, auch Küchenkäfer genannt, vertilgt man am besten durch eine Mischung von zwei Teilen Borax und einem Teil Salicylsäure. Das Pulver, das man sich vom Drogisten herstellen lässt, streut man überall dorthin, wo man das Ungeziefer bemerkt, auch in alle Löcher und Schlupfwinkel.
Um Schaben, Kellerasseln usw. anzulocken, bedient man sich folgender Lockspeise, die man in eine gewöhnliche Falle legt: 1 Teelöffel Zucker, 2 Teelöffel Bier, 1 Teelöffel Brotkrumen miteinander mischen.

**Silberfischchen** findet man in feuchten Wohnungen, Dielenritzen, gestärkter Wäsche, Kleidern, Leim, Zucker und Mehl. Sie sind leider sehr flink und wendig. Man kann als Lockmittel Puderzucker mit Kieselfluornatrium (Vorsicht, giftig und ätzend!) in einer Schüssel mischen und das angelockte Ungeziefer mit kochendem Wasser vernichten. Auch eine Mischung aus gleichen Teilen Zucker und Borax vertreibt sie schnell.

**Spinnen** sind nützliche und harmlose Tiere – trotzdem liebt man sie nicht besonders in der Wohnung. Wenn man eine Spinne entfernen will, die an der Wand sitzt, kann man ein Glas darüberstülpen und dann ein Stück Karton zwischen Wand und Glas schieben. So kann man die Spinne dann ohne Grausen an die frische Luft transportieren.

**Tausendfüßler und Asseln** halten sich oft in Kellern auf. Legt man einen grün geschnittenen Birkenbesen in den Keller, an dem die Blätter noch vorhanden sind, so bildet dieser bald einen Zufluchtsort für das Ungeziefer, welches man leicht dadurch vertilgt, dass man den Besen von Zeit zu Zeit in heißes Wasser steckt.

**Wanzen** werden durch Einstreuung einer Mischung von persischem Insektenpulver und gemahlenem spanischem Pfeffer getötet. Holzfußböden nässe man täglich einmal mit Salzwasser (100 Gramm auf 1 Eimer Wasser). Wenn möglich, bespritze man mit reinem Wasser leicht Wände und Decke des Zimmers. Orte, die feucht sind, werden bald von den Wanzen verlassen.
Ein einfaches Mittel gegen Wanzen ist Ammoniak. Es wirkt sicherer als alle Tinkturen, welche zum Anstreichen der Möbel usw. bestimmt sind, weil das Gas leicht in die feinsten Spalten eindringt. Man stellt in einem infizierten Zimmer mehrere Schälchen mit Salmiakgeist, welcher Ammoniak enthält, auf, hält das Zimmer mehrere Tage verschlossen, worauf man dann durch Öffnen von Fenstern und Türen für Wiederherstellung reiner Luft sorgt. Wenn der Verdacht auf Wanzen begründet war, d. h. wenn wirklich welche da waren, so wird man wohl zwar tote, aber keine lebenden mehr sehen.

**Wespen** haben eine Vorliebe für Zucker, Honig, Marmelade, Wein und Obst. Deshalb darf man Gefäße mit solchen Speisen im Sommer niemals offen stehen lassen, da es lebensgefährlich ist, wenn man aus Versehen eine Wespe in den Mund bekommt. Auch Getränke, die man im Sommer im Freien zu sich nimmt, sollten immer zugedeckt werden. Anlocken kann man die Wespen mit einem enghalsigen Gefäß mit Zuckerwasser oder Honig.

Hanföl, ein Mittel gegen **Ungeziefer:** Das russische Volk hält viel auf den Hanf und verwendet Büschel frischer ungetrockneter Hanfpflanzen im Hause und in den Betten, um sich des Ungeziefers zu erwehren. Ebenso wird das Hanföl neuerdings zur schnellen und gefahrlosen Vertreibung von Hautschmarotzern empfohlen. In 2–3 Stunden nach dem Einreiben hörte bei den massenhaft mit Läusen bedeckten Haustieren das Jucken auf, die Schmarotzer waren abgestorben. Auch gegen Hautmilben tut es gute Dienste. Das Hanföl ist für die angeführten Zwecke umso mehr angezeigt, als es billig und leicht zu beschaffen ist und nicht wie viele andere Mittel dieser Art giftige Eigenschaften hat.

# Sparen von A–Z

Reste alten **Bindfadens** machen wir fast unzerreißbar, wenn sie in eine wässrige Alaunlösung gelegt und dann getrocknet werden.

Warum verblühen die teuren **Blumen** so schnell? Vor allem ist es barbarisch, Blumen fest zusammenzubinden und sie in diesem Zustande in ein Glas zu stellen. Wer Blumen wirklich und aufrichtig liebt, der bindet sie zuerst auf, dass keine Fadenkanten ihnen Schaden zufügen können, und stellt sie so ins Wasser, je eher, desto besser.
Ja, und dann das Wasser. Zu kalt darf es nicht sein, auch nicht zu warm, es soll vielmehr die richtige Temperatur haben, die ungefähr dem eines nassen Umschlags, wie wir ihn bei Erkältungen machen, enspricht. Vor großer Kälte fürchtet sich nämlich die Schnittblume und welkt ebenso rasch, als wenn wir sie in warmes Wasser stellen würden. Also Acht geben, dass der richtige Mittelweg gefunden wird.
Rosen mögen es, wenn die Stiele zwei Minuten in heißes Wasser gehalten werden. Die Saugkörper der Stängel schwellen dadurch an und sie können leichter Wasser ziehen.
Dass das Wasser jeden Tag zu erneuern ist, versteht sich eigentlich von selbst, aber es soll doch dringend wiederholt werden, weil viele denken: Ach, das ist nicht unbedingt nötig. Es ist ebenso nötig wie die bestimmte

Flüssigkeit und Nahrung, die der Mensch verlangt. Am besten spült man die Stiele der Blumen täglich unter fließendem Wasser gut ab und beschneidet sie ein wenig. Ein paar Körnchen Salz, ins Wasser getan, wirken Wunder, da es die entstehenden Keime tötet. Die gleiche Wirkung hat ein Kupferpfennig im Blumenwasser. Auch eine Aspirintablette oder eines der in jeder Blumenhandlung erhältlichen Frischhaltungsmittel sind zu empfehlen. Auch mit ein paar Tröpfchen Spülmittel im Wasser halten die Blumen länger.
Blätter, die ins Wasser reichen, werden vorher abgeschnitten. In geheizten Räumen welken Blumen sehr schnell. Man stelle sie am besten nachts an einen kühlen Ort in der Wohnung. Wichtig ist es auch, empfindliche Blumen vor Durchzug zu schützen.

Wissen Sie, dass man **Butter** spart, wenn man sie in weichem Zustand aufstreicht. Deshalb sollte man sie immer rechtzeitig aus dem Kühlschrank nehmen.

**Eierschalen** nicht wegwerfen! Die im Mörser zerkleinerten Eierschalen werden leicht angefeuchtet einige Tage aufbewahrt. Dann gibt man sie mit in die Gießkanne als vorzügliches Düngemittel für Zimmerpflanzen und auch im Garten.
Nicht so stark zerkleinerte Eierschalen schrecken im Garten die Schnecken ab, die sich an den scharfen Kanten verletzen.
Auch Gläser kann man mit Eierschalen gut reinigen. Man zerdrückt die Eierschalen, füllt sie mit etwas

Wasser in die Gläser, Vasen oder Krüge, lässt sie eine Zeit lang in diesem Kaltbad stehen. Dann schwenkt und wäscht man die Gläser gut durch und spült mit klarem Wasser nach. Man wird erstaunt sein, wie hell und klar davon Kristall und Glas geworden ist.
Als Bleichmittel für vergilbte Wäsche haben Eierschalen den Vorteil, dass sie das Gewebe nicht angreifen. Man zerdrückt die Eierschalen, tut sie in einen Mullbeutel und lässt diesen mit der Wäsche kochen. Es ist wirklich eine Freude zu sehen, wie rein und klar selbst solche Gegenstände werden, die lange Zeit im Schrank gelegen und durch die Lagerung eine gelbliche Färbung bekommen haben.
Nicht nur, wer einen Hühnerhof hat, gibt mit Vorteil Eierschalen unters Futter, auch der Kanarienvogel liebt diese kalkhaltige Nahrung. Für ihn muss man aber die Eierschalen ganz fein zerstoßen.

**Einkaufstüten** aus Plastik sind »out« und kosten jedes Mal wieder Geld. Wenn man schon Plastiktüten gehortet hat, sollte man sie bis zur Unansehnlichkeit wiederverwenden und zum Schluss mit der alten Tüte seinen Müll entsorgen. Besser sind unbedruckte Stofftaschen aus Nessel, die sich wunderbar waschen und bügeln lassen.

Geld sparen können Sie auch, wenn Sie statt Essig lieber **Essigessenz** kaufen. Die Essenz ist unbegrenzt haltbar und lässt sich mit frischem Wasser in beliebigen Mengen zu Essig verdünnen.

Dass sich Zeitungspapier zum **Fensterputzen** eignet, ist wohl allgemein bekannt, doch weicht das Papier schnell auf und kann nicht lange verwendet werden. Hier schaffen wir Abhilfe, indem wir aus dem Papier ein großes Knäuel formen, das wir möglichst dicht mit Bindfaden umschnüren. Dadurch wird unser Ersatzschwamm zusammengehalten und bleibt längere Zeit gebrauchsfähig.

Manchmal hat man schön geformte und farbige **Flaschen**, die sich abgeschnitten wunderbar als Blumenvase eignen würden. Kein Problem! Wickeln Sie um die Flasche an der gewünschten Schnittstelle einen dicken Zwirn und verknoten Sie ihn. Tränken Sie den Zwirn mit Spiritus und brennen ihn ab. Wenn das Feuer erloschen ist, sofort die Flasche kopfüber in kaltes Wasser tauchen, und der Hals springt an der Fadenstelle sauber ab. Die scharfen Kanten müssen dann noch mit Speckstein geglättet werden.

Zu dicke **Flaschenkorken** dürfen nicht ringsum beschnitten werden, sondern man kerbt sie ein, indem aus der Mitte der unteren Fläche in keilförmiges Stück herausgeschnitten wird.

Statt **Frühstückspapier** kann man kleine, ringsum gesäumte Tücher aus leicht waschbarem Stoff verwenden. Die Tücher werden ab und zu durchgewaschen und können auch in Beutelform zusammengenäht werden. Im Sommer hält sich das darin eingeschlagene Brot den ganzen Tag frisch, wenn das Tuch angefeuchtet wird.

Klebestreifen auf **Geschenkpapier** überbügelt man mit einem heißen Eisen. Dann kann man die Streifen leicht abziehen und das Papier nochmals verwenden.

**Gummihandschuhe** gehen an der Spitze schnell kaputt. Durch längere Fingernägel werden sie undicht oder durchgebohrt. Das können Sie verhindern, indem Sie in die Fingerspitzen der Handschuhe kleine Wattebäuschchen tun. Die Handschuhe halten dann viel länger.

Risse in **Gummistiefeln** kann man mit Flüssiggummi reparieren. Die gerissenen Stellen müssen sauber, trocken und aufgeraut sein. Tragen Sie eine Schicht Flüssiggummi auf und lassen Sie die Stiefel zwei bis drei Tage trocknen. Falls nötig, können Sie die Prozedur mehrmals wiederholen.

Alte **Handtücher** lassen sich meist noch verwenden, indem man aus den nicht zerschlissenen Teilen kleine Gästetücher näht.

**Käserinden** muss man nicht wegwerfen. Wenn man sie in Soßen mitkocht, erhalten diese einen pikanten Geschmack.

Aus Wachsresten neue **Kerzen** machen: Wir sammeln alle Kerzenstümpfchen und sortieren die aus Wachs von denen aus Stearin. Nun wird die Form zum Gießen der Lichte bereitgemacht, und zwar nehmen wir entweder eine fertige kleine Papprolle, die die Weite des gewünschten Lichtes haben muss, oder wir fertigen uns selbst eine solche aus ziemlich starker Pappe an. Oben legen wir ein Hölzchen auf, um das wir einen starken Baumwollfaden wickeln, der den Docht ergibt. Der Faden muss durch die ganze Form laufen, die oben geöffnet bleibt, während sie unten mit einem Pappstückchen verschlossen wird.

Nun beginnt die eigentliche Arbeit. Zuerst wird die Form gründlich angefeuchtet. Wir halten sie einige Sekunden unter fließendes Wasser, wobei darauf zu achten ist, dass sie von allen Seiten, besonders aber von innen, gründlich durchfeuchtet wird. Geschieht das nicht, so bleibt das fertige Licht später hängen und verliert seine Glätte.

Auf kleiner Flamme wird in einem Tiegel die Wachs- oder Stearinmasse eingeschmolzen und vorsichtig durch ein Sieb gegossen, damit die alten Dochte zurückbleiben. Dann gibt man die Masse nochmals auf die Flamme, damit sie gleichmäßig flüssig wird.

Vorsichtig nimmt man sie herab und gießt sie in die bereitgestellten Formen, die man bis fast zum Rande füllt, aber so, dass ein Stück des Dochtes, also etwa einen halben Zentimeter unterhalb des Hölzchens, frei bleibt. Dadurch entsteht nach dem Erkalten der eingefüllten Masse später der freistehende Docht, den man zum Entzünden der Flamme braucht. Nachdem die Masse erkaltet ist, löst man die Form vorsichtig ab und

hat nun ein fertiges Licht, das an Glätte einem gekauften in nichts nachsteht und das sich zu allen Zwecken benutzen lässt.
Selbstverständlich lassen sich die verschiedensten Größen und Stärken herstellen; man braucht nur die Formen entsprechend anzufertigen, was keinerlei Schwierigkeiten macht. Für sehr kleine Kerzen wird man natürlich dünnere Dochte einlegen als für die größeren.
Noch ein kleiner Hinweis: Wenn Sie der flüssigen Kerzenmasse einige Tropfen Parfüm- oder Aromaöl hinzufügen, bekommen Sie wunderbare Duftkerzen.
Von dieser Selbstanfertigung der Kerzen zu wissen, ist gerade in der Weihnachtszeit sehr praktisch.

**Kleiderbügel** ohne Haken lassen sich weiterverwenden, wenn anstelle des Hakens eine kräftige Schnur mit Schlaufe angebracht wird. Allerdings kann der Bügel nur an Haken aufgehängt werden, z. B. an der Flurgarderobe.

**Knödelwasser** sollte man nicht einfach wegschütten – es ist eine gute Basis für Gemüse- und andere Suppen.

**Korbhenkel** ausbessern. Körbe sind ja immer überlastet und die Griffe reißen schnell. Deshalb sollte man nicht gleich den Korb wegwerfen. Der Henkel muss zunächst mit festem Draht oder starker Kordel aneinander gefügt werden. Man muss das gewissenhaft machen, damit die Ausbesserung auch haltbar ist. Dann wird der auf diese

Weise befestigte Henkel mit gebrauchter Schnur oder festem Bindfaden – auch Papierfaden lässt sich verwenden – fest umwickelt. Der so ausgebesserte Henkel ist wieder ausgezeichnet haltbar und der Korb noch lange brauchbar.

**Küchenschwämme und -bürsten,** die noch neu, aber unansehnlich geworden sind, nicht gleich wegwerfen. Einmal im Geschirrspüler mitgewaschen, und sie sind wie neu.

Altes **Leinen:** Altes Leinen eignet sich wunderbar zur Reinigung von Brillengläsern. Nicht auffahren, meine Damen: Um das Glas trockenzureiben, wenn es beschlagen ist, nimmt man natürlich besser einen Lederlappen. Zur Reinigung empfehle ich Ihnen vielmehr einen weichen Leinenlappen, den man leicht in reines Glyzerinöl getaucht hat. Dann putzt man mit einem trockenen Leinentuche nach, und die Gläser beschlagen jetzt nicht mehr so leicht, weil sich eine dünne Fettschicht in die Gläser gesogen hat, die das Beschlagen verhindert.
Zur Reinigung von Gold- und Silbersachen ist altes Leinen gleichfalls sehr nützlich. Man braucht sie nur mit einem Leinenlappen zu polieren, um Glanz zu erzeugen, wenn die Gegenstände nicht einer gründlichen Reinigung mit Schlämmkreide oder mit einem Putzmittel benötigen, wie es jedoch nur selten der Fall ist. Angelaufenes Tafelsilber beispielsweise hält sich viel länger, wenn es nur mit einem Leinentuche poliert wird,

ebenso goldene Ketten und vor allem vergoldete und versilberte Sachen, die ja bekanntlich ein Putzen nicht vertragen, weil sonst die dünne Auflage verschwindet. Ist altes Leinen durch langes Liegen im Schranke gelb geworden, so ist das darauf zurückzuführen, dass Seifenreste im Gewebe geblieben sind. Deshalb wäscht und spült man die Sachen sauber aus und legt sie einen Tag und eine Nacht in Buttermilch. Dann werden sie wieder ganz weiß.

Eine billige **Politur**, mit der man Möbel wieder auf Hochglanz bringt, ist etwas Bier, gemischt mit einigen Tropfen Zitronensaft. Auf einen weichen Lappen geschüttet, reibt man damit gründlich die Möbel ein.

Alte **Radiergummis**, die glatt und schmutzig geworden sind, muss man nicht wegwerfen. Wenn man sie mit Sandpapier abreibt, werden sie wieder fast neu.

**Rasierpinsel** eignen sich wunderbar zum Auftragen von Puder und sind nicht so teuer wie Kosmetikpinsel.

**Reisig-Büschelchen** (sofern man einen Ofen hat) sind ausgezeichnetes Anzündmaterial für den Ofen und überall zu sammeln.
Das Sammeln ist schon ein Vergnügen für sich. Im Oktober, wenn es in Wald und Feld nichts mehr zu holen gibt, zieht man mit einem Wägelchen in den Wald hinaus. Kinder, die ihre Zeit vergnüglich an der frischen Luft verbringen wollen, nehmen wir mit.

Nun wird das ganz feine dünne Reisig gesammelt, gebrochen, mit Papierspagat zu kleinen Büschelchen gebunden und in Säcke gelegt. Das ist eine leichte und schnelle Arbeit, und wenn man sie regelmäßig tut, füllt sich im Keller schnell eine ganze Wand mit solchen Büscheln, die es übrigens nirgends zu kaufen gibt.
Es lohnt sich wirklich, auf diese Weise jeden Herbst »ins Holz« zu fahren.

Gebrauchte **Reißverschlüsse** kann man – nachdem man sie gut mit Stärke besprüht hat – leicht wie neue wieder einnähen.

**Schaumstoffreste** von Verpackungsmaterial lassen sich sehr gut als Schwämme verwenden.

**Scheuertücher** halten viel länger, wenn man sie vor Benutzung in breiten Abständen mit Spagat (Bindfaden) der Länge und Breite nach durchstopft.

Abgerissene **Schnürsenkel** kann man oft noch verwenden und sie z. B. als stabile Aufhänger in Jacken und Mäntel nähen.

**Schuhbänder** halten länger, wenn man sie vor dem Tragen einige Stunden in eine Lösung aus halb essigsaurer Tonerde, halb Wasser legt. Sie werden erst nach dem Trocknen benützt und sind nun viel haltbarer.
Aber auch abgerissene Schnürsenkel lassen sich wieder verwenden, wenn man die guten Enden mit doppeltem

Faden zusammennäht. Die Bruchstellen werden etwas zugeschnitten, mit Klebstoff angefeuchtet und spitz zugedreht. Nach dem Trocknen ist das Einziehen eine Spielerei. Einfacher ist es vielleicht, sie in Nagellack einzutauchen und gut trocknen zu lassen.

**Schuhcreme** trocknet leicht ein. Sie ist jedoch sofort wieder gebrauchsfähig, wenn man einige Tropfen Milch oder Terpentinöl hinzugibt.

Mit den **Seifenresten** wird oft im Haushalt eine gewisse Verschwendung getrieben, die zu der heutigen sparsamen Wirtschaft schlecht passt. Was soll man nun mit den kleinen Stückchen Seife anfangen? Es gibt verschiedene Möglichkeiten. Vor allem wird man aus ihnen zur großen Wäsche eine tüchtige Seifenlauge bereiten, bei der man nur beachten muss, dass es Toilettenseifen gibt, die färben. Diese sind zur Herstellung dieser Lauge natürlich ungeeignet, da man sich Flecken in die Wäsche machen würde. Noch besser lassen sich Seifenreste zur Bereitung von Schmierseife aufarbeiten, die man durch Zusatz von Sodawasser bereitet, in dem sich die Seifenstücke leicht auflösen. In alten Gläsern aufbewahrt, hat man ein vorzügliches Putzmittel für Böden, Möbel usw. Werden Kern- und Toilettenseifenstückchen getrennt gesammelt, näht man sich für die Letzteren ein kleines Säckchen aus weißer Gaze oder dem Fuß eines Nylonstrumpfes, füllt die Seifenstückchen hinein und verwendet sie zum Waschen der Hände anstelle eines neuen Stückes Seife. Sie schäumt dann übrigens auch wieder genauso wie ein neues Stück.

**Spargelschalen** soll man nicht wegwerfen, sondern trocknen und in luftigen Säckchen aufbewahren. Sie ergeben eine ausgezeichnete Suppenwürze.
Man kann sie aber auch gleich auskochen und hat die Basis für eine schmackhafte Spargelsuppe.

Gesammelte leere **Streichholzschachteln** eignen sich gut für Bastelarbeiten, z. B. beklebt als kleine Geschenkschachteln oder als Adventskalender – mit Schleifen verbunden und für die Kinder mit einer kleinen Süßigkeit in jeder Schachtel.

Alte **Strümpfe:** Ist der Fuß unbrauchbar geworden, schneidet man ihn ab, wäscht die Strumpflänge und bindet sie am abgeschnittenen Teil zusammen, sodass sie eine Art Sack bildet. Das gibt einen sehr praktischen Überzug für Stiefel oder Schuhe. Natürlich muss man denselben nach dem Zusammenbinden noch einmal wenden. Der Strumpf legt sich wie ein Trikot eng an den Stiefel und schützt denselben besser als die bisher gebrauchten Stiefelsäcke, da jeder Stiefel seinen eigenen Überzug hat. Auch lässt sich der einzelne Stiefel besser verpacken und der schmiegsame Überzug nimmt weniger Platz im Koffer ein.
Mit kaputten Feinstrumpfhosen lassen sich Fenster streifenfrei polieren.

Alte **Teppichläufer** und ähnliche Bodenbeläge, die als solche nicht mehr verwendbar sind, ergeben noch ordentliche Fußabstreifer, wenn man sie etwa vierfach übereinander geschlagen mit großen Stichen durchnäht. Dünnen Bindfaden oder Schusterzwirn zum Abnähen verwenden. Selbstverständlich dürfen die Stiche nicht so groß sein, dass man beim Fußabstreifen hängen bleibt.

**Tinte,** die eingetrocknet ist, ist wieder zu verwenden, wenn man sie mit Essig verdünnt.

**Tuben** mit Cremes, Make-up und anderen Kosmetika sind noch lange nicht leer, wenn sich nichts mehr herausdrücken lässt. Wenn Sie die Tube mit einer Schere aufschneiden, werden Sie sich über den Inhalt wundern. Der Tubeninhalt reicht noch für einige Zeit.

Wenn man keinen **Wäschesprenger** besitzt, kann man sich in folgender Weise leicht helfen. Eine mit Wasser gefüllte Flasche schließt man mit einem Korken, in den man seiner Länge nach 3 Rillen eingeschnitten hat. Durch die so entstandenen Öffnungen wird das Wasser schnell und gleichmäßig auf die Wäsche verteilt.

Alte **Wolle** wieder verwenden: Alte Pullover, Strickjacken, Sportsocken, gestrickte oder gehäkelte Kleidung können aufgetrennt noch gut verwendbares Material ergeben und zu neuen Kleidungsstücken verarbeitet werden. Man kann die zum Auftrennen bestimmten Arbeiten vor dem Auftrennen waschen, muss sie dann

aber erst vollständig trocknen lassen, bevor man sie aufzieht.
Kurze Fäden, die an Stopfstellen oder Löchern abfallen, wickelt man für sich auf ein eigenes Knäuel. Sie können beim neuen Stück für die Nähte, zum Annähen der Knöpfe, zum Umstecken der Knopflöcher usw. verwendet werden. Die übrige aufgezogene Wolle wird über ein Küchenbrett gewickelt. Um ein Verwirren der Fäden zu verhindern, wird jede abgewickelte Strähne mehrmals abgebunden, bevor man sie vom Brett streift.
Dann taucht man die Strähnen ins Wasser, bis sie vollständig durchnässt sind, zieht sie glatt und hängt sie, nachdem man sie durch Einrollen in Tücher vorgetrocknet hat, auf eine Leine. Der Faden wird dadurch wieder glatt, ohne seine Elastizität zu verlieren. Man kann beim Aufhängen die Abbindung an einigen Stellen entfernen, da die Wolle dann leichter trocknet. Sie darf aber nicht in der Nähe eines heißen Ofens getrocknet werden, da sie dann leicht brüchig wird.
Wenn die Arbeiten vor dem Auftrennen nicht gewaschen wurden, müssen die einzelnen Strähnen, natürlich mit der nötigen Vorsicht, gewaschen werden. Bei mancher Wolle verschwindet die Kräuselung nicht so leicht, man kann in diesem Falle ein kleines Gewicht an die aufgehängten Strähnen hängen. Bei weicher Wolle ist das jedoch nicht ratsam, da sie sich zu sehr dehnt und dann nicht mehr elastisch ist.
Erst nach dem völligen Trocknen wird der Faden auf Knäuel gewickelt und ist nun für die neue Arbeit gebrauchsfertig.

Wollen Sie beim Ausquetschen einer **Zitrone** deren Saft besonders ergiebig machen, so wärmen Sie die Frucht vorher ein wenig über der Kochflamme an oder halten sie vor dem Auspressen unter heißes Wasser. Die gleiche Wirkung hat es, wenn Sie die Zitrone mit etwas Druck auf einer harten Fläche hin- und herrollen. Wenn Sie nur einige Tropfen Saft benötigen, stechen Sie die Frucht nur kurz an und drücken die Tröpfchen heraus.

# Rezepte zur Herstellung diverser Tinkturen

**Badewannenpolitur:** Wenn man regelmäßig seine Badewanne mit der folgenden Politur abreibt, wird sie nie stumpf werden: Essig, Buttermilch und Salz mit etwas Wasser gemischt.

**Deodorant** können Sie leicht selbst herstellen. Hier zwei Rezepte:
Einen halben Liter abgekochtes warmes Wasser mit 2 Teelöffeln Alaunpulver und als Zusatz etwas Kölnischwasser gut mischen – in eine Sprühflasche füllen, und schon haben Sie ein wirksames Deo-Spray.
Deo-Creme stellt man her, indem man je 2 Teelöffel Vaseline, Talkumpuder und Natron gut vermischt, im Wasserbad bei niedriger Hitze erwärmt und zu einer glatten Creme rührt.

**Eichenholzbeize:** 80 g kohlensaures Natron, 250 g hellen Ocker mit 2 Liter weichem Wasser eine halbe Stunde kochen. Dann 2 Liter Wasser zusetzen. Zu dieser Beize setzt man noch 700 g einer Wachsmasse aus einem Kilogramm gelbem Wachs, 2 Liter Wasser und 70 g Pottasche.

Mit zwei Teilen Wasser und einem Teil Spiritus lässt sich ein vielfach verwendbares **Fleckenmittel** herstellen.

Eine praktische **Fleckenseife:** Man schüttet 50 g kohlensaures Natron in einen Liter abgekochtes Wasser und fügt 500 g geschabte, weiße Seife dazu. Zum Schluss kommen noch sechs Gelbeier hinzu. Die Masse lässt man so lange kochen, bis sich die Seife zersetzt hat. Hierauf gießt man die Seife in Formen.

**Fleckenwasser** aus Efeu: Efeu, den man überall haben kann, eignet sich ganz vorzüglich zur Herstellung von Fleckenwasser, das der sonst gebrauchten Panamarinde nicht nachsteht. Man sammelt einen größeren Strauß Efeu, den man sorgfältig von allem Schmutz reinigt, bis das ablaufende Wasser völlig klar und sauber bleibt. Dann schneidet man Stiele, Blätter und Holz des Efeus in 10 Zentimeter lange Stücke, gibt eine Hand voll davon in ein Gefäß, um dann 2 Liter kochendes Wasser darüberzugießen. Man lässt die Mischung 24 Stunden ziehen. Man kann in dem Fleckenwasser alle farbigen Sachen waschen, die tadellos sauber werden. Selbst ältere Flecken verschwinden aus dem Stoff sehr leicht und die Farben werden aufgefrischt.

Noch ein gutes **Fleckenwasser,** das selbst die zartesten Farben nicht angreift: 25 g gereinigtes Terpentinöl, 1,60 g rektifizierter Weingeist und das gleiche Quantum Schwefeläther werden mit 15 Tropfen Zitronenöl vermischt, durchgeschüttelt und in einer verschlossenen Flasche aufbewahrt.

**Fleckenwasser** kann man auch aus 1 Teil Salmiakgeist, 3 Teilen absolutem Alkohol und 3 Teilen Schwefeläther herstellen.

Ausgezeichnetes **Fliegenpapier** kann man leicht selbst herstellen. Man vermische fein gemahlenen Pfeffer mit Honig und streiche die Mischung auf ein gewöhnliches Löschpapier. Das Papier soll einige Tage trocknen, wird dann mit Zuckerwasser benetzt und auf einen Teller gelegt. Die Fliegen werden angelockt und finden durch den Genuss des Pfeffers und durchs Festkleben schnell ihren Tod.

Haarwasser aus **Birkensaft:** Ein recht gutes Haarwasser ergibt der Birkensaft unter Beimischung von Alkohol absolutus aus der Drogerie. Auch kann eine wohlriechende Essenz zugegeben werden.
Hustensirup, ein nicht versagendes Mittel auch bei stärkster Erkältung: In einen Viertelliter kochendes Wasser schütte man ein halbes Pfund Streuzucker hinein, den man während des Kochens etwa drei Minuten lang umrührt, fügt dann etwa 60 g Anis, dreifach konzentriert, hinzu und man hat einen vorzüglichen Hustensirup. Täglich löffelweise mehrmals einnehmen.

**Kitt für Alabaster:** Aus pulverisierten Austernschalen, Gummi arabicum und Wasser macht man einen Brei, mit welchem die zerbrochenen Gegenstände sorgfältig aneinander gekittet werden.

**Kitt für Elfenbein:** Hat man einen zähen Brei aus Eiweiß und pulverisiertem Kalk angerührt, bestreicht man mit diesem die zerbrochenen Gegenstände und presse sie längere Zeit fest aufeinander. Nach ungefähr 1–1½ Tagen ist die Masse fest.

**Kitt für Glas und Porzellan:** Aus Gelatine, Essig und bromsaurem Kali macht man einen Brei, mit welchem man die zerbrochenen Gläser, Tassen, Teller kittet und sie darauf längere Zeit an einem warmen, luftigen, staubfreien Orte trocknet.

**Kleister** für den allgemeinen Klebebedarf. In einem Liter warmem Wasser werden 25 g Alaun gelöst. Wenn die Lösung erkaltet ist, rührt man 3 gehäufte Esslöffel voll Weizenmehl hinein und achtet darauf, dass sich keine Klümpchen bilden. Nachdem man nun noch einen halben Teelöffel voll fein zerstoßenes Kolophonium hineingetan hat, setzt man den Behälter aufs Feuer und erhitzt unter beständigem Umrühren, bis die Masse zu kochen beginnt. Dieser Kleister lässt sich lange aufbewahren, ohne dass er sich zersetzt. Doch muss er, damit er nicht eintrocknet, sich in einem verschließbaren Gefäß befinden.

Ein wirksames **Metallputzmittel,** das man sich selbst herstellen kann, ist folgendes: Man kauft in der Drogerie Kreide und kocht sie mit etwas Wasser. Der erkalteten Masse fügt man einen Esslöffel Salmiakgeist zu. Dieses bewahrt man in einem Fläschchen, wie man sie von fertig käuflichen Putzmitteln im Hause hat, und schüttelt es vor dem Gebrauch. Mit einem Lappen lassen sich damit alle Metalle, auch das tägliche Gebrauchssilber, putzen.

**Politur für lackierte Möbel:** Baumöl mit etwas Mehl vermischt. Oder: Je 1/3 Leinölfirnis, Terpentin und Essig in einem Glas gut schütteln, fertig ist die Politur.

Billige **Pomade** stellt man durch Zusammenschmelzen von 750 g gelben Paraffinöls mit 250 g weißen Ceresins (feines Wachs) und Parfümerien mit 5 g Bergamotte, 1 g Zitronen-, 1 g Lavendel-, 1 g Nelken- und 2 g Bittermandelöl her.

**Porzellankitt:** Gips mit etwas Eiweiß vermischt, eignet sich ausgezeichnet.

**Pulver zum Versilbern von Metallen:** 15 g salpetersaures Silber, ebenso viel Weinstein, 7 g Cyankalium (giftig), 130 g gemahlener Kalk. Das Pulver wird leicht angefeuchtet und dann auf den zu versilbernden Gegenstand kräftig aufgerieben.

**Stärke** aus Gelatine stellt man her, indem man die billigste Gelatine kauft, sie unter fließendem Wasser leicht abwäscht, 10 Minuten einweicht, leicht ausdrückt und mit etwas kochend heißem Wasser übergießt. Sie löst sich sofort auf und wird zu der nötigen Menge kaltem Wasser gegeben.

**Steinkitt:** Wachs und Harz, je 100 g, werden zusammengeschmolzen und 200 g Ziegelmehl nebst 200 g feinen Sandes zugerührt. Oder: Schellack und Bimssteinpulver, je 100 g, werden zusammengeschmolzen.

**Tintenpulver:** 6 Teile gepulverte Galläpfel, 2 Teile kalziniertes Eisenvitriol und 1 Teil arabischer Gummi werden (alles in gröblicher Pulverform) zusammengemischt. Mit diesem Pulver kann man durch Zusatz von hinreichendem Wasser sogleich eine schwarze Tinte herstellen.

Eine billige und gute **Toilettencreme**, welche die Haut glatt und geschmeidig macht, kann man sich durch Vermischen von 25 g Lanolin mit 5 g Glyzerin und 1 g Perubalsam herstellen. Mit der Salbe werden Gesicht und Hände zweimal täglich eingerieben.

**Selbstbereitung einer guten Toilettenseife:** 500 g gute gewöhnliche Seife übergießt man mit Wasser, stellt das Gefäß ins Wasserbad, bis sich die Seife aufgelöst hat. Dann gibt man unter Umrühren 30 g Honig zu und setzt das Kochen so lange fort, bis das Wasser verdampft ist. Man kann die Seife auch beliebig parfümieren und darauf in passende Formen drücken.

**Wasserdichte Stoffe:** 1 Teil Salmiakgeist, 1 Teil Zinkvitriol und 8 Teile Wasser. Wäsche darin einweichen und nass zum Trocknen aufhängen.

# Praktische Alltagstipps von A–Z

**Alleskleber** nach dem Basteln wieder zu entfernen, kann recht lästig sein. Mit Nagellackentferner und einem sauberen Tuch geht es prima. Sie können auch Imprägnierspray für Leder daraufsprühen, damit sich der Klebstoff leichter entfernen lässt.

Um zu vermeiden, dass **Angorapullover** so stark fusseln, sollte man sie vor dem Tragen in einer Plastiktüte kurz ins Gefrierfach legen.

Für **Autofahrer:** Um das lästige Anlaufen der Fensterscheiben zu vermeiden, reibe man diese vorher mit gewöhnlichem Brennspiritus und einem Wattebausch ein. Beides ist auch leicht im Auto mitzuführen.

**Anstecknadeln** und Broschen kann man der Reihe nach auf einem alten Gürtel aufstecken oder auf einer Krawatte, damit sie immer griffbereit und geordnet sind.

Das **Aufgehen** der Schuhbänder verhindern: Das lästige Aufgehen der Schuhbänder verhindert man sehr einfach, indem man die Bänder, die von innen nach außen geleitet sind, am obersten Schnürloch von außen nach innen durchzieht. Man braucht dann nur eine einfache Schlinge zu machen; diese wird niemals aufgehen.
Wenn bei Schnürsenkeln die Plastikkappen abgefallen sind, kann man die Enden der Bänder mit Nagellack

einstreichen, damit sie eine gewisse Festigkeit haben und sich besser einfädeln lassen.

**Ausguss verstopft?** Stellen Sie einen Eimer unter den Ausguss, lösen Sie die unteren Schrauben, reinigen Sie mit einer Bürste den Abfluss, spülen Sie gut mit Wasser durch und schließen Sie den Ausguss dann wieder sorgfältig durch Zuschrauben.

**Babywindeln** sind gut wattiert und eignen sich daher ausgezeichnet zum Verpacken zerbrechlicher Gegenstände.

Sollte einmal der **Backofen** von innen brennen: sofort ausschalten und die Tür schließen, damit das Feuer bei fehlender Luftzufuhr erstickt.

Drei Esslöffel Backpulver ins **Badewasser** macht das Wasser wunderbar weich.

**Badevorleger** rutschen nicht mehr so leicht weg, was ja auch gefährlich ist, wenn man unter jede Ecke ein Stück Einmachgummi klebt.

Wenn Sie ein eingeschweißtes Plastikkörbchen mit **Beeren** kaufen, drehen Sie es besser vor dem Kauf um. Man sieht dann leicht, ob die unteren Beeren schon matschig sind.

**Bettwäsche** kann man leichter stapeln oder aus dem Schrank nehmen, wenn man zwischen die einzelnen Garnituren ein Stück Karton legt.

**Bleistiftschrift** kann nicht mehr ausradiert werden, wenn man sie mit Milch überpinselt.

Haben Sie einen **Blumenstrauß** bekommen und eine schöne Blume ist geknickt? Wickeln Sie einen Streifen Tesafilm um die geknickte Stelle als Stütze. Die Blume hält meist genauso lange wie die anderen.

**Blumentöpfe,** wenn sie neu sind oder längere Zeit unbenutzt waren, sollte man vor dem Bepflanzen einige Stunden ins Wasser legen, damit sich der Ton voll saugen kann. Wenn man das nicht tut, wird das Gießwasser vom Topf aufgesogen.

**Briefmarken** kleben manchmal zusammen, deshalb muss man sie nicht wegwerfen. Wenn Sie sie unter Pergamentpapier heiß bügeln, lassen sie sich ganz leicht wieder trennen. Meist gehen sie schon auseinander, wenn man sie eine Zeit lang in das Gefrierfach gelegt hat.

Wenn sich bei der **Brille** die Schräubchen laufend lösen, geben Sie einfach nach dem Festdrehen einen Tropfen farblosen Nagellack darauf. Die Schrauben werden sich nicht mehr so leicht lösen.

Einzelne **Druckknöpfe** sollte man einfach auf einem Stückchen Stoff aufdrücken. Dann hat man sie jederzeit parat und muss nicht die einzelnen Knöpfe im Nähkästchen suchen.

Alte **Dübel** lassen sich prima mit einem Korkenzieher aus der Wand ziehen.

**Eiswürfelschalen** frieren oft im Kühlschrank an und lassen sich dadurch schlecht herausnehmen. Wenn Sie die Unterseite der Eisschale mit einer Kerze einreiben, wird das nicht mehr passieren.

**Eiweiß als unlösliches Klebemittel:** Wenn man Etiketten auf Gläser, Flaschen oder Blechbüchsen aufkleben will, so zeigt sich meist, dass sich sowohl die gummierten wie die mit irgendeinem Leim aufgeklebten nach einiger Zeit wieder ablösen, wenn der Aufbewahrungsraum etwas feucht ist. Eiweiß, das man mit einer Gabel zu Schaum schlägt und mit einem Pinsel aufträgt, hält in solchem Falle ausgezeichnet.

**Etikettenreste** muss man nicht mühsam mit dem Fingernagel abkratzen. Preisetiketten auf der Schuhsohle kurz mit dem Föhn heiß anblasen und abziehen. Auf Plastikgeräten lassen sich Etiketten leicht mit Nagellackentferner beseitigen.

**Fahrräder** werden nicht so leicht geklaut, wenn sie mit auffallenden bunten Mustern bemalt oder beklebt sind.

**Fensterkitt** erneuert man, nachdem man die Reste des alten Kitts vorsichtig entfernt hat. Den neuen Kitt formt man zu einer Rolle und streicht ihn mit einer Spachtel (oder mit einem breiten Messer) fest und glatt.

**Fensterscheiben** frieren nicht mehr an und laufen nicht an, wenn man sie mit Spiritus und etwas Glyzerin abreibt.

**Fersenriemchen** rutschen nicht mehr, wenn man ein Stückchen Samt oder einen Schaumgummistreifen in die Innenseite klebt.

Der **Fleischwolf** lässt sich leicht von Fett- und Fleischresten reinigen, wenn man einige trockene Brotscheiben durchdreht.

**Frotteehandtücher** werden nach einiger Zeit kratzig und rau. Legen Sie sie über Nacht in eine warme Mischung aus $^1/_3$ Essig und $^2/_3$ Wasser. Wenn Sie sie hinterher normal waschen, verschwindet der Geruch und die Handtücher sind kuschelig weich.

**Fusseln** auf dunklen Anzügen und Kleidern machen einen ungepflegten Eindruck. Heben Sie die nächsten Nylonstrumpfhosen, die kaputtgehen, besser auf. Wenn Sie sie zusammenknüllen und damit die fusseligen Kleidungsstücke abreiben, sind sie gleich sauber und fusselfrei.

Üble **Gerüche** an den Händen, z. B. von Fisch und Zwiebeln, kann man beseitigen, indem man dem Wasch-

wasser ein paar Tropfen Ammoniak hinzufügt. Ein anderes Mittel, besonders gegen Zwiebelgeruch, ist, die Hände mit feuchtem Kochsalz abzureiben. Um das Springen der Hände zu vermeiden, fette man sie danach gut ein. Um den Mundgeruch nach dem Genuss von Zwiebeln möglichst schnell zu vertreiben, empfiehlt es sich, eine Kaffeebohne zu zerkauen.
Um den Geruch beim Kochen von Kohlarten zu vermindern, koche man ein Stückchen gebackenes Brot mit. Wenn sich Fischgeruch unangenehm verbreitet hat, wird er schnell wieder verschwinden, wenn Sie einen Löffel Essig oder eine Messerspitze Kaffeepulver auf die noch warme Herdplatte geben.

**Gips** wird nicht so schnell hart, wenn man etwas Essig oder Spiritus darunterrührt. Durch Zugabe von Salz wird Gips schneller hart.

**Glassplitter,** die sich schlecht aufnehmen lassen, kann man gut mit einem feuchten Wattebausch entfernen.

**Glühbirnen** sollte man von Zeit zu Zeit abstauben oder mit Spiritus abreiben. Sie leuchten dann heller.

**Keramikvasen** sind manchmal nicht ganz wasserdicht. Man kann sie von innen mit Bohnerwachs einreiben, damit kein Blumenwasser mehr nach außen dringt.

**Kerzen** tropfen kaum und brennen auch langsamer ab, wenn man sie vor dem Anzünden einige Stunden in das

Gefrierfach legt. Wenn man das untere Ende kurz in heißes Wasser hält, lassen sie sich leichter in den Leuchter drücken.

Wenn **Kerzenleuchter** vollkommen mit Wachs verkleckert sind, legt man sie eine Stunde in das Gefrierfach. Hinterher geht das Wachs kinderleicht ab.

**Ketten** wieder auffädeln kann man leicht mit der dünnsten Angelschnur – das geht ohne Nadel und die Kette hängt trotzdem noch schön.

Das Abrutschen der **Kleidungsstücke** vom Kleiderbügel verhindert man, indem man die Bügelenden mit einem Gummiband umwickelt.

**Knöpfe** gehen nicht so schnell ab, wenn man sie mit Nylonfaden oder auch Zahnseide annäht.

**Kochbücher** bleiben nicht immer auf der Seite offen, die man gerade braucht. Spannen Sie einfach zwei Gummis über die Seiten, damit Sie immer das richtige Rezept im Blick haben.

Ist ein **Korken** einmal herausgezogen, geht er oft nicht mehr rein. Tauchen Sie ihn einfach kurz in kochendes Wasser. Der Korken schrumpft und passt wieder in die Flasche. Die Flasche schließt dann auch dicht ab, weil sich der Korken nach dem Abkühlen wieder ausdehnt.

**Krawatten** sollte man nicht bügeln. Wenn man sie aufrollt, verschwinden die Falten von selbst.

Wenn der **Kugelschreiber** durch auslaufende Tinte schmiert, steckt man ihn in einen Zigarettenfilter, dreht einige Male – und schon kann man sauber weiterschreiben.

**Laufmaschen** lassen sich mit nasser Seife, Haarspray oder farblosem Nagellack leicht stoppen.

**Legosteine** ab und zu in einem Kissenbezug mit Reißverschluss in der Waschmaschine im Schonwaschgang mitwaschen. Sie werden wie neu. Nur bitte nicht schleudern!

**Möbelrücken** geht besser und ohne den Fußboden zu beschädigen, wenn man unter das Möbel Filz oder Tuch, z. B. Putzlumpen, legt. Sie können auch alte dicke Socken über die Möbelfüße ziehen.

Ein **Mückenstich!** Oh, wie das juckt, schnell die Stelle mit einer beliebigen Flüssigkeit (auch Speichel) befeuchten und mit etwas Würfelzucker darüberreiben – Sie werden überrascht sein, wie schnell der Juckreiz aufhört. Gleichzeitig wirkt der Zucker desinfizierend. Auch Salmiakgeist, gleich aufgetupft, hilft augenblicklich.

Ist der **Nagel** in der Wand locker geworden, zieht man ihn heraus und umwickelt ihn mit etwas Klebeband.

Wenn man ihn dann wieder einschlägt, füllt das Klebeband das Loch und der Nagel sitzt wieder fest. Man kann den Nagel auch mit Watte umwickeln, ihn so in einen Gipsbrei oder Leim tauchen. Danach wird er sofort wieder in das Loch eingefügt.

**Nägel,** die ziemlich groß sind und ins harte Holz eingeschlagen werden sollen, gehen durchs Holz wie geschmiert, wenn man sie mit Wachs oder Seife einschmiert.
Eisennägel rosten nicht mehr, wenn man sie bis zur Glut erhitzt und dann in kaltes Öl wirft.

Die **Nagelfeile** wird schön sauber und sieht aus wie neu, wenn Sie einen Streifen Klebeband draufdrücken und wieder abziehen. Der ganze Schmutz bleibt haften.

Vorteile beim **Nähen:** Personen mit schwachen Augen müssen, wenn sie eine Nadel einfädeln wollen, dieselbe über etwas Weißes halten, wodurch das Auge unterstützt wird. Sich bei Lampenlicht an einen Tisch zu setzen, der mit einem schwarzen oder dunklen Tuch überdeckt ist, um zu nähen, ist den Augen nachteilig. Wenn solche Arbeit verrichtet werden muss, so lege man ein weißes Tuch vor sich. Das Nähen bei Sachen, welche sich schwer mit der Nadel stechen lassen, kann man erleichtern, wenn man die Stelle, wo man eine Naht machen will, vorher mit Wachs überfährt.

**Nähgarnrollen** verknoten sich oft an den Fadenenden im Nähkasten. Kleben Sie einfach das Fadenende mit einem Stückchen Tesafilm fest.

**Naturschwämme** sind recht teuer, und man sollte sie nicht gleich wegwerfen, wenn sie etwas unansehnlich geworden sind. Legen Sie den Schwamm über Nacht in eine Salzwasserlösung und spülen ihn hinterher gut aus. Er sieht aus wie neu.

Wenn das sorgsam gehütete Feuer im **Ofen** plötzlich zu verlöschen droht, belebt man es schnell wieder durch eine Hand voll Salz, die man hineinschüttet.

**Pakete** kann man fester verschnüren, wenn man die Schnur vor Gebrauch anfeuchtet. Wenn die Schnur trocknet, zieht sie sich zusammen und hält das Paket sicher zusammen.

**Pfannen,** in denen Lebensmittel immer wieder anbrennen, sind ausgesprochen lästig. Wenn Sie sie reichlich mit Salz bestreuen, dann erhitzen, bis das Salz in der Pfanne springt, wird hinterher nichts mehr anbrennen.

Hart gewordene **Pinsel** werden garantiert wieder weich, wenn man sie in kochendes Essigwasser legt und hinterher mit Seifenlauge nachspült. Wenn man die Pinsel gleich am nächsten Tag noch mal braucht, wickelt man sie in Alufolie, damit die Borsten geschmeidig bleiben und die Farbe nicht eintrocknet.

Wenn man durchsichtige **Plastikfolie** im Kühlschrank aufbewahrt, klebt sie nicht zusammen.

Einen kratzigen **Pullover** trägt niemand gerne. Wenn Sie ihn einige Tage in einer Plastiktüte ins Gefrierfach legen, ist er hinterher wieder weich und kuschelig. Es hilft auch, wenn Sie ihn mit Haarshampoo waschen.

Legen Sie **Rasierklingen** vor dem Gebrauch kurz in kochendes Wasser. Sie halten dann länger.

Den nassen **Regenschirm** bitte immer nur halb aufspannen zum Trocknen. Wenn er ganz aufgespannt ist, leiert der Stoff aus.

Klemmende **Reißverschlüsse** sind ein Grund zum Ärgern, vor allen Dingen, wenn man es morgens eilig hat. Wenn man sie an beiden Kanten mit Seife – oder auch mit Bleistift – eingerieben hat, laufen sie wieder wie geschmiert.

Der **Rock** klebt an den Beinen? Ganz wenig Haarspray auf die Innenseite des Stoffes sprühen, schon klebt er nicht mehr.

In den **Salzstreuer** ein paar Reiskörner oder ein Streifchen Löschpapier geben – das verhindert, dass das Salz klumpt.

Auf manche unechte **Schmuckstücke** reagiert die Haut allergisch oder sie hinterlassen Flecken. Um das zu vermeiden, muss man sie nur mit farblosem Nagellack überstreichen.

**Schneeränder** an Schuhen verschwinden, wenn man sie mit einer halben Zwiebel abreibt.

**Schnittblumen** bleiben länger frisch, wenn man zwei Esslöffel Obstessig und etwas Zucker ins Wasser gibt.

**Schnittmuster** verrutschen nicht, wenn sie statt mit Nadeln mit einem Klebestreifen auf dem Stoff befestigt werden. Wollen Sie das Schnittmuster wieder verwenden, lauwarm drüberbügeln, dann löst sich der Klebestreifen wieder.

**Schraubdeckel** von Konservengläsern lassen sich nicht öffnen? Tauchen Sie den Deckel kurz unter heißes Wasser. Oder: Legen Sie ein Tuch auf den Tisch und stellen das Glas verkehrt herum hin und klopfen mehrmals darauf. Wenn alles nichts hilft, müssen Sie ein kleines Loch in den Schraubdeckel stechen.

Hält eine **Schraube** nicht mehr richtig fest? Stecken Sie ein Streichholz in das Loch, brechen den Kopf ab und drehen die Schraube wieder hinein.

Reiben Sie die Spitze des **Schraubenziehers** vor Gebrauch mit etwas Kreide ein. Damit wird das Abrutschen verhindert.

Es kommt manchmal vor, dass sich in der **Schublade** Gegenstände durch Erschütterung schlecht legen und ein Aufmachen unmöglich machen. In diesem Falle kann man mit einem langen Küchenmesser, das man vorsichtig mit dem Messerrücken voranbewegt, den falsch liegenden Gegenstand in die richtige Lage bringen und die Schublade dann öffnen.

**Schuhe,** die etwas eng sind und drücken, zieht man nicht gerne an. Geben Sie ein Gläschen klaren Schnaps hinein und ziehen Sie die Schuhe gleich an. Das Leder wird dadurch geweitet.

**Schuhe,** die innen abfärben, sollte man von innen mit Haarspray einsprühen und dann mit einem Tuch auswischen. Es hilft auch, wenn man die Schuhe von innen mit Essig ausreibt.

**Glatte Schuhsohlen** sind oft der Grund für Unfälle. Wenn man sie mit der Schnittfläche einer rohen Kartoffel einreibt, sind sie lange nicht mehr so glatt.

**Schwere Sofas, Sessel usw.** kann man gut heben und tragen, wenn man das Gewicht durch einen dicken Strick hauptsächlich auf die Schultern verteilt. Möbelpacker haben professionelle Trageriemen.

**Silber,** z. B. Besteck, das man nicht oft benutzt, läuft leicht an. Bewahren Sie es in einem Plastikbeutelchen auf. Dann haben Sie keinen Ärger mehr.

Verschmutzte **Spielkarten** werden wieder sauber, wenn man sie mit Magnesia-Pulver trocken abreibt. Hat man dieses nicht zur Hand, kann man auch Kölnischwasser verwenden.

**Staubtücher** nehmen viel mehr Staub auf, wenn man sie mit lauwarmem Wasser mit einigen Tropfen Glyzerin wäscht.

**Stofftiere** Ihrer Kinder sollten Sie ab und zu in die Tiefkühltruhe legen, damit die Milben getötet werden.

**Tannenzweige** oder -bäume halten länger, wenn man etwas Glyzerin ins Wasser gibt.

**Tapeten** lassen sich leicht von der Wand lösen, wenn man einen Schwamm in eine Lösung aus Wasser und Essig zu gleichen Teilen taucht und die Tapete gut damit anfeuchtet.

In **Teetassen** bildet sich oft ein schwer zu entfernender Belag. Er lässt sich gut mit Kochsalz auf einem nassen Tuch wegreiben.

Üble Gerüche in der **Toilette** kann man schnell beseitigen, wenn man ein Streichholz abbrennt. Die Flamme verbrennt schlecht riechende Gase. Am besten immer eine Streichholzschachtel auf dem Spülkasten parat haben.

Eine **Tube** lässt sich leicht öffnen, wenn man sie kurz über eine Kerzenflamme hält. Auch wenn man den Tubenkopf einige Zeit in heißes Wasser hält, lässt sich die verklebte Tube wieder öffnen.

**Tulpen** bleiben länger geschlossen und hängen nicht so herunter, wenn Sie den oberen Stiel unter der Blüte leicht senkrecht einschneiden.

Damit man entspannt in den **Urlaub** gehen kann, sind folgende Kontrollen vor der Abreise anzuraten:
Habe ich nichts Notwendiges vergessen?
Sind die Wasserhähne abgestellt und die Verschlussstöpsel herausgenommen?
Wenn der Kühlschrank abgestellt wird, Türe offen lassen, sonst entwickeln sich üble Gerüche!
Ist der Gashahn (Haupthahn) abgestellt?
Sind alle Stecker herausgezogen?
Sind alle Fenster und Läden verschlossen und die Jalousien heruntergelassen?
Haben Sie keine verderblichen Lebensmittel liegen gelassen?
Ausweise, Autopapiere, Flugtickets, Scheckkarte usw. nicht vergessen!
Wohnung abschließen und den Reserveschlüssel bei Freunden, Familienmitgliedern oder beim Hausmeister abgeben!
Rechtzeitig zum Bahnhof oder zum Flughafen fahren, um Stress gleich am Urlaubsbeginn zu vermeiden!

Auch **Wäscheklammern** werden schmutzig und verschmutzen dann die Wäsche. Stecken Sie sie in einen kleinen Kissenbezug und waschen sie bei 30 Grad mit. Nicht schleudern!

Wenn der **Wasserhahn** undicht ist, stellen Sie den Haupthahn ab, schrauben den Leitungshahn mit einem passenden Schraubenschlüssel ab, setzen neue Dichtungsringe ein und schrauben danach alles wieder sorgfältig zusammen.

Ist die **Wimperntusche** eingetrocknet? Halten Sie sie verschlossen für ein paar Minuten unter heißes Wasser. Die Tusche wird wieder aufgeweicht und kann weiterverwendet werden.

Aufgetrennte **Wolle** wird wieder ganz glatt, wenn man sie um eine mit heißem Wasser gefüllte Flasche wickelt.

**Wolle** läuft bei der Handwäsche nicht ein, wenn man einige Tropfen Glyzerin ins Waschwasser gibt.

**Zweige** treiben in der Vase schneller aus, wenn Sie einige Tropfen Salmiakgeist ins Wasser geben.

# Kochen und Backen von A–Z

Spezialisten wissen, dass man sich vor dem Häuten eines **Aals** erst die Hände mit Salz einreibt. Dann schneidet man die Haut am Kopf ringsherum ein und zieht die Haut bis zum Schwanz hin ab.

Da **Ananas** nicht nachreift, sollten Sie besser nur reife Früchte kaufen. Man erkennt sie am Geruch, die Schale gibt auf Druck etwas nach und die Kronenblätter lassen sie mühelos herausziehen.

**Angebrannte Speisen** kann man meist noch retten – auf keinen Fall umrühren. Man stellt den Topf sofort auf den Spülstein und lässt während 10 Minuten ganz dünn Wasser auf den Topfdeckel laufen. Erst dann gibt man die Speise, ohne den Boden abzukratzen, in einen anderen Kochtopf und lässt sie unter öfterem Umrühren fertig kochen. Es wird sich kein angebrannter Geruch oder Geschmack bemerkbar machen. Der Topf mit den angebrannten Speiseresten wird natürlich sofort eingewässert.

Es empfiehlt sich, **Äpfel** nicht auf einer Metallreibe, sondern auf einer Glasreibe zu zerkleinern. Mit einigen Tropfen Zitrone beträufelt, wird der Apfel nach dem Reiben nicht braun.

**Äpfel** kann man zur Verfeinerung von verschiedenen säuerlichen Kohlarten, wie Rotkohl, Sauerkohl und Bayrisch-Kraut und zu vielen Salaten, z. B. Herings-, Kartoffel- und Rohkostsalat, vorteilhaft verwenden.

**Äpfel** kann man schützen und bis ins Frühjahr hinein wunderschön frisch erhalten, wenn man sie mit reinem Speiseöl einreibt. Dadurch sind alle Poren geschlossen und weder Luft noch später der Frost können eindringen. Man wickelt dann die eingeölten Äpfel in Seidenpapier und verstaut sie in einer Kiste, die man luftdicht verschließt.

Wenn man im Keller **Äpfel** lagert, bleiben sie länger frisch, wenn ein Eimer Wasser daneben steht.

Wenn man eine größere Menge **Äpfel** schälen muss, erleichtert man sich die Arbeit, wenn man die Äpfel eine Minute in kochendes Wasser legt. Die Schale lässt sich danach viel leichter entfernen.
Äpfel sind reich an Vitaminen und Mineralstoffen und gehören auf den täglichen Speiseplan. Besonders viel Vitamin C haben Goldparmänen, Boskop und Berlepsch.

**Apfelessig** ist sehr gesund und mit Mineralwasser gemischt im Sommer ein köstliches Erfrischungsgetränk.

Wussten Sie, dass man für **Apfelkompott** das Kerngehäuse der Äpfel mitkochen soll? Das Kompott schmeckt dann nach dem Passieren besser, d. h. gehaltvoller und kräftiger. Auch ist dann der ganze Apfel restlos verwertet.

**Aromastoffe** sind in fast allen Lebensmitteln enthalten. Man unterscheidet sie wie folgt: Natürliche Aromastoffe werden aus tierischen oder pflanzlichen Rohstoffen gewonnen; naturidentische müssen in der chemischen Zusammensetzung den natürlichen Aromastoffen völlig gleich sein; künstliche Aromastoffe werden künstlich so hergestellt, dass das natürliche Aroma annähernd erreicht wird.

**Artischocken** sind gesund. Durch den enthaltenen Bitterstoff Cynarin wird die Magenschleimhaut und die Tätigkeit von Leber und Galle angeregt.
Achten Sie beim Kauf von **Artischocken** darauf, dass die Schnittstellen am Stiel frisch und glatt sind und die Blütenköpfe geschlossen. Wenn Sie sie in ein feuchtes Tuch einschlagen, können Sie sie ruhig drei Tage im Kühlschrank aufbewahren.
Geben Sie dem Kochwasser von **Artischocken** Salz, eine Prise Zucker und Essig oder Zitrone (damit sie nicht schwarz werden) zu. Wenn Sie einen tiefen Teller auf den Topf legen, damit die Früchte unter die Wasseroberfläche gedrückt werden, garen sie gleichmäßig.

Damit **Aspik** oder auch Gelees sich leichter aus der Form lösen lassen, sollten Sie die Schüssel vor dem Einfüllen mit etwas Öl einfetten oder mit kaltem Wasser ausspülen.

**Auberginen** schmecken leicht etwas bitter. Schneiden Sie sie in Scheiben und salzen Sie diese kräftig. Dann müssen die Scheiben etwa eine halbe Stunde stehen bleiben, bis sie kräftig Wasser gezogen haben. Wenn Sie das Wasser dann wegtupfen, sind den Früchten die meisten Bitterstoffe entzogen und sie saugen auch nicht mehr so viel Fett beim Braten.

**Auberginen** darf man nicht roh essen, da sie das giftige Solanin enthalten. Zu viel davon kann zu Magen- und Darmproblemen führen, auch zu Kopfschmerzen und Krämpfen.

**Auflaufformen** kann man vor dem Einfetten etwas anwärmen. Das Fett verteilt sich so gleichmäßiger und die Speise brennt nicht an.

**Vorsichtig mit Austern!** Sie müssen beim Kauf fest geschlossen sein, da das Fleisch sonst schon verdorben ist und Vergiftungen hervorruft.

Unreife **Avocados** reifen schnell nach, wenn man sie in Zeitungspapier wickelt. Nur nicht in den Kühlschrank!

Ihr **Backblech** können Sie leichter und sparsamer einfetten, wenn Sie es vorher mit der Rückseite unter heißes Wasser halten, schnell abtrocknen und das noch warme Blech dann einfetten, wodurch sich das Fett schneller verteilen lässt.

Das **Spritzen von Backfett** vermeidet man, wenn man dem Backfett einige Erbsen oder Bohnen beigibt.

Das **Backpapier** verrutscht leicht auf dem Blech. Wenn man auf die Unterseite des Papiers etwas Fett gibt, wird dies verhindert.

Probieren Sie es einmal aus, **Backpflaumen** in schwarzem Tee einzuweichen. Das Aroma der Pflaumen wird dadurch viel intensiver. Nach dem Einweichen in Rotwein oder Cognac sind sie besonders lecker – aber Achtung! Die Früchte sind dann sehr alkoholhaltig!

Als Ersatz für **Backpulver** können Sie drei Esslöffel Rum in den Teig tun – Alkohol treibt fast so gut wie Backpulver.

**Backpulver** immer schon mit dem Mehl vermischen und nicht dem fertigen Teig zugeben.

**Baisers** werden besonders luftig und groß, wenn Sie etwas Backpulver in das Eiweiß geben. Erst dann wird es mit Zucker steif geschlagen.
Wenn Sie beim Backen von Baisers die Ofentür einen Spalt offen lassen, werden sie knuspriger.

Unreife **Bananen** reifen schneller nach, wenn man sie in ein feuchtes Tuch und dann in Papier wickelt.
Bewahren Sie Bananen nicht im Kühlschrank auf – sie werden dort nur braun und weich.

Überreife **Bananen** in Butter ausgebacken und mit Honig übergossen, gibt eine leckere asiatische Nachspeise.

**Bananenscheibchen** zur Dekoration oder für den Obstsalat mit Zitronensaft beträufeln, damit sie nicht braun werden.

Tiefgekühlte **Beeren** werden nicht matschig, wenn man sie während des Auftauens mit kochendem Wasser übergießt.

**Beeren** aus dem Wald sollten nicht roh gegessen werden. Es besteht die Gefahr, dass Eier des Fuchsbandwurms daran haften.

(Nur so nebenbei!) Mit dem guten **Benehmen** bei Tisch wird es heute nicht mehr so genau genommen wie bei unseren Großeltern, aber einige Grundregeln sollte man doch auch heute noch beachten – Sie tun das sicher sowieso:
Händewaschen vor dem Essen nicht vergessen.
Die Kleidung sollte der Gelegenheit angemessen sein.
Stehend hinter dem Stuhl warten, bis Hausfrau oder Gastgeber zum Platznehmen bittet.
Hände auf dem Tisch halten, aufrecht sitzen.
Gespräche bei Tisch: Nicht zu leise reden, aber auch nicht schreien. Nicht über Tische hinweg oder auch nur über mehrere Personen hinweg vorgebeugt laute Gespräche führen.

Bescheidenheit beim Auftun der Speisen ist immer angebracht, lieber noch einmal nachnehmen.
Während der Mahlzeiten möglichst nicht aufstehen.
Nicht mit vollem Mund sprechen.
Führen Sie niemals das Messer zum Mund.
Die Speisen zum Mund und nicht den Mund zu den Speisen führen.
Rauchen darf man – wenn überhaupt – erst nach Beendigung der Mahlzeit, d. h. wenn alle am Tisch Sitzenden ihre Mahlzeit beendet haben.
Zum Schluss: Nicht die Suppe schlürfen! Brot immer brechen! Knödel nicht mit dem Messer schneiden!
Fisch – ohne Fischbesteck – mit zwei Gabeln essen.
Belegte Brötchen oder Sandwiches kann man zum Essen in die Hand nehmen. Natürlich bedankt man sich zum Schluss bei der Hausfrau für die gelungene Mahlzeit!

Es ist schwierig, **Biskuitboden** heiß zu schneiden. Man kann dazu sehr gut einen Baumwollfaden verwenden, den man angefeuchtet hat.

Beim Backen von **Blätterteig** sollte man eine Tasse Wasser in den Backofen stellen – der Teig wird dann besonders locker.
Die Füllung von Blätterteig durchfeuchtet den Teig nicht, wenn man den Teig vor dem Füllen innen dünn mit Grieß bestreut.

Das **Blaukraut** behält seine schöne Farbe, wenn gleich beim Zusetzen Essig darangegeben wird.

**Blechkuchen** löst sich mühelos vom Backblech, wenn man das heiße Blech sofort auf ein nasses Tuch stellt.

**Blumenkohl** bleibt schön weiß, wenn dem Kochwasser etwas Milch beigegeben wird. Dasselbe wird auch mit einem geringen Zuckerzusatz erzielt. Wenn man das Salz erst nach dem Kochen hinzugibt, zerfällt der Blumenkohl nicht.
Bevor man Blumenkohl kocht, sollte man ihn mit den Röschen nach unten in Salzwasser legen. Alle Insekten und Raupen nehmen in kürzester Zeit Reißaus.

Die Fäden bei **grünen Bohnen** lassen sich leichter entfernen, wenn man die Bohnen kurz blanchiert.

**Weiße Bohnen** werden schneller weich, wenn man sie nach dem Waschen nicht einweicht, sondern in etwas Öl röstet und alsdann erst kocht.

Wenn Sie eine **Bowle** ansetzen, ist es besser, wenn der Zucker erst mit etwas Wasser zu Sirup verkocht wird. Abgeschäumt und erkaltet kann man ihn dann der Bowle zufügen. Das spart Zucker und auch Kopfweh am nächsten Tag. Deshalb ist auch die Zugabe von Cognac und anderen starken Alkoholika nicht zu empfehlen.

Wenn Sie auf den **Braten** drücken und er sich fest anfühlt, ist er gar, gibt er leicht nach, müsste er innen noch rosa sein. Möglichst – auch beim Wenden – nicht hineinstechen, da sonst nur der Saft herausläuft und das Fleisch trocken wird.

Lassen Sie den **Braten,** nachdem Sie ihn aus dem Ofen genommen haben, noch zehn Minuten ruhen, bevor Sie ihn aufschneiden. Er ist dann beim Verzehr saftiger. Den Braten dürften Sie nur mit kochendem Wasser aufgießen oder übergießen. Mit kaltem Wasser wird das Fleisch hart.

Kalter **Braten** bleibt saftiger, wenn man ihn im Stück aufbewahrt und die Scheiben erst bei Verzehr abschneidet.

Die **Bratensoße** bei Schmorbraten muss man nicht mehr mit Mehl andicken, wenn man mit dem Braten ein Stück Schwarzbrot mitschmort. Die Soße wird dann auch kräftiger. Wenn man einige getrocknete Tomaten mitschmort, wird sie besonders aromatisch. Auch die Zugabe von ungespritzten Apfelschalen macht die Soße pikanter. Etwas geschmolzene Butter sofort über die fertige Soße, verhindert, dass sich eine Haut bildet.

Damit die **Bratensoße** dunkler wird, können Sie einige Schluck Kaffee nach und nach hinzugeben – vor dem Servieren nochmals abschmecken.

**Bratfett** spritzt oft furchtbar aus der Pfanne. Abgesehen von dem Fett, das auf dem ganzen Herd verbreitet wird, kann man sich auch wehtun. Ein paar Körnchen Salz in die Pfanne, und die Spritzerei hört auf!

**Bratfisch** mit Haut wölbt sich beim Braten. Schneiden Sie die Haut mehrfach schräg ein. Dann liegt der Fisch flach in der Pfanne und kann gleichmäßig garen.

**Bratkartoffeln** werden am knusprigsten, wenn die Kartoffeln bereits am Vortag gekocht wurden. Die Stärke wird dann gebunden und die Kartoffelscheiben wirklich kross. Frische Kartoffeln saugen zu viel Fett auf und werden leicht matschig.

Wenn man **Bratwürste** vor dem Braten kurz mit heißem Wasser überbrüht, so platzen und schrumpfen sie nicht mehr beim Braten.

**Broccoli** wird zäh, wenn man ihn in Fett andünstet. Am besten gart man ihn in wenig Wasser.

Wenn Sie **Brötchen** vom Vortage mit etwas Wasser oder auch Milch anfeuchten und dann aufbacken, schmecken sie knusprig wie frisch gekaufte Brötchen.

Damit das **Brot** nicht trocken wird, hülle man es stets in ein Tuch und lege es erst dann in den Schrank oder in die Brotbüchse. Dadurch bleibt auch die Schnittfläche immer frisch, sodass nicht immer wieder das Trockene oben weggeschnitten werden muss. Schwarzbrot und Graubrot immer getrennt aufbewahren, da sie zusammen leichter schimmeln. Wenn Sie einen Gitterrost aus Blech oder Holz in den Brotkasten legen, hält das Brot länger, weil eine gewisse Luftzirkulation gegeben ist.

Geschnittenes **Brot** hält sich im Römertopf länger frisch.

Immer Ärger beim Schneiden von frischem **Brot**? Es geht garantiert leichter, wenn Sie das Messer vor dem Schneiden kurz erwärmen.

Verpacktes, geschnittenes **Brot** ist immer teurer als ein Laib, den Sie, wenn er für den momentanen Verbrauch zu groß ist, in Vierteln oder auch portions- und scheibenweise verpackt einfrieren können. Bei Bedarf ist das Brot auf dem Toaster oder im Backofen schnell aufgetaut.

Apfelscheiben im **Brotkasten** halten das Brot länger frisch – das Auswechseln nicht vergessen!

**Brühwürfel** sollten immer luftdicht in geschlossenen Dosen aufbewahrt werden, da sie sonst die Feuchtigkeit anziehen.

**Bücklinge** schmecken am zartesten von Ende Juni bis Oktober.

Streichfähige **Butter** ist sparsamer im Verbrauch. Nehmen Sie sie daher rechtzeitig aus dem Kühlschrank.

**Butter** (250 g) mit einer Tasse Kondensmilch gut verrührt und in einer Form tiefgekühlt, ergibt Halbfettbutter für die Schlankheitsdiät.

Bei Rühr- und Mürbeteigen ist es nicht notwendig, nur **Butter** zu verwenden. In der Teigmenge reicht ein kleiner Butteranteil zur Vermittlung des feinen Buttergeschmacks. Den Rest ersetzt man mit Margarine.

**Butter** eignet sich nicht sehr gut zum Braten, da sie spritzt, schnell braun wird und die Eiweißanteile verbrennen.

Wenn man **Butter,** bevor man die Verpackung entfernt, unter kaltes Wasser hält, lässt sich die Verpackung leichter lösen.

**Butter** hält sich lange frisch, wenn man sie in ein Gefäß mit abgekochtem kaltem Salzwasser legt. Die Butter sollte ganz bedeckt sein.

Das Sahnigrühren der **Butter** wird sehr erschwert, wenn die Butter hart ist. Man spüle in diesem Falle die Schüssel, in der die Butter gerührt werden soll, mit kochendem Wasser aus und reibe sie dann gut trocken. Die angewärmte Schüssel lässt die Butter schnell weich werden.

Wenn man weiche **Butter** für den Teig braucht, kann man die harte Butter raspeln. Sie läst sich dann sofort verrühren.

**Buttercreme** gerinnt leicht – dies kann man vermeiden, indem man die Hälfte der benötigten Butter bereits mit dem Pudding aufkocht. Sollte sie doch gerinnen, kann man sie noch retten, indem man die Schüssel in kochendes Wasser stellt und dann nochmals aufrührt.

**Buttermilch** ist metallempfindlich, deshalb sollte sie nur aus Glas- oder Keramikgefäßen getrunken werden.

**Butterschmalz** ist sehr gut zum Braten geeignet, gibt den Speisen einen butterähnlichen Geschmack, spritzt nicht, verträgt hohe Temperaturen und hält sich außerdem zwei Jahre im Kühlschrank.

**Calamari** dürfen höchstens 45 Minuten gekocht werden – sonst werden sie zäh.

**Champignons** bleiben schön weiß, wenn man sie mit Zitronensaft beträufelt. Denselben Effekt hat etwas Mehl im Waschwasser.

**Chicorée** sollte man im Dunkeln lagern, damit sich die Blattspitzen nicht grün färben. Wenn Sie den Strunk herausschneiden, schmeckt Chicorée nicht so bitter. Die Bitterstoffe verschwinden auch, wenn man die Blätter vor dem Gebrauch einige Zeit in lauwarmes Wasser legt.

**Chilischoten** verlieren an Schärfe, wenn man sie anbrät und dann auf Küchenkrepp legt, das das Fett aufsaugt.

Wenn man in einer Schüssel mit Milch einige Esslöffel Buttermilch verrührt und diese Mischung an einen warmen Ort, ohne sie zu bewegen, stellt, erhält man wunderbare **Dickmilch** wie zu Omas Zeiten.

**Dörräpfel** kann man leicht selber machen. Kerngehäuse ausstechen, die Äpfel in dünne Scheiben schneiden, dann bei geringer Hitze im Backofen trocknen, auf ein Küchengarn auffädeln und an einem dunklen Ort aufhängen.

Beim Kauf von **Dosenkonserven** muss man aufpassen, dass die Dosen nicht aufgetrieben sind – denn dann sind sie verdorben und können Vergiftungen verursachen. Das gilt auch für eingedellte und beschädigte bzw. angerostete Dosen. Den Inhalt geöffneter Dosen sollte man umfüllen, d. h. nicht in geöffneten Dosen aufbewahren, da sich bei verzinkten Dosen an der Luft Zink ablösen kann.

Ein Ei in **Mehlschwitzen** oder weiße Soßen eingeschlagen, macht die Soßen zarter.

**Gewichtsklassen bei Eiern:** Klasse 1 = 70 g und mehr, 2: 65–70 g, 3: 60–65 g, 4: 55–60 g, 5: 50–55 g, 6: 45–50 g, 7: unter 45 g. Übrigens: Zum Backen eine mittlere Gewichtsklasse nehmen, also 3–4.

Frische **Eier** müssen auf den Grund sinken, wenn sie in Salzwasser liegen. Wenn sie auf der Oberfläche schwimmen, sind sie alt.

**Eier** kann man längere Zeit aufbewahren, indem man sie sorgfältig mit reinem Tafelöl einreibt. Dieses Mittel ist dann vor allem im Winter ein vorzüglicher Schutz gegen Frosteinwirkung. Nur muss man wirklich das ganze Ei einreiben und darf keine leeren Stellen lassen, weil sonst der Frost trotzdem noch schaden kann.

**Eier,** deren Haltbarkeitsdatum leicht überzogen ist, kann man noch essen, sollte sie jedoch vollständig Durchgaren.

**Eier** halten sich lange frisch, wenn man sie in Wasserglas (Natronwasserglas aus der Drogerie) einlegt und Glas oder Topf zubindet und an einen dunklen Platz stellt.

**Eier** immer mit dem spitzen Ende nach unten im Kühlschrank aufbewahren. Die Luftblase im dicken Teil hält die Eier länger frisch.

Waschen Sie die **Eier** nicht, wenn sie aufbewahrt werden sollen, da das Wasser die Schutzschicht der Schale zerstört.

Es ist leichter, **Eier** in Eigelb und Eiweiß zu trennen, wenn der Rand der Schalenhälften glatt ist. Deshalb sollten Sie die Eier mit einem scharfen Messer anschlagen.

**Eier** platzen nicht mehr beim Kochen, wenn man dem Kochwasser etwas Essig oder Salz zugibt. Außerdem lassen sie sich leichter pellen. Auch indem Sie die Enden mit einer Nadel anstechen, können Sie das Platzen vermeiden. Leichter pellen lassen sie sich auch, wenn man sie nach dem Kochen eiskalt abschreckt.

**Eier** hart oder weich kochen? Verlassen Sie sich lieber nicht auf Ihr Gefühl. 4 Minuten: weich – 6 Minuten: pflaumig – 8 Minuten: hart (hängt aber von der Höhe ab, die man sich über dem Meeresspiegel befindet, und natürlich von der Größe des Eis).

**Eier** braucht man für Hackbraten und Pasteten, weil sie schon bei geringer Hitze gerinnen und den Fleischteig zusammenhalten, aber auch auflockern. Man rechnet etwa ein Ei für 300 g Hackfleisch. Verquirlen Sie das Ei, bevor Sie es mit dem Fleisch mischen.

Mischen Sie ein oder zwei **Eier** mit Fleisch- oder Gemüseresten und backen Sie sie in der Pfanne aus – Sie erhalten leckere Plinsen.

Nimmt man **Eigelb** für den Kuchenteig, so sollte man es auf jeden Fall vorher schaumig schlagen und ein Tröpfchen Essig hinzugeben.

Abziehen mit **Eigelb:** Eigelb mit etwas heißer Flüssigkeit verquirlen und dann unter Rühren in die nicht mehr kochende Suppe geben.

Übrig gebliebenes **Eigelb** wird leicht trocken. Schütten Sie den Dotter in eine kleine Schüssel und gießen Sie kaltes Wasser darüber. Das Eigelb hält sich nun tagelang frisch. Das gleiche Ergebnis erhält man, wenn man die Reste in ein kleines Gefäß gibt und mit Öl abdeckt.

Blassem **Eidotter** kann man eine tiefgelbe Farbe geben, wenn man es mit etwas Salz bestreut und dieses wenig einziehen lässt.

**Eischnee** wird rascher steif, wenn eine Prise Salz zugefügt wird. Er sollte immer den noch heißen Speisen untergemischt werden. Andernfalls wird das Eiweiß nicht gar und erhält keinen Stand.

**Eischnee** erst kurz vor dem Gebrauch schlagen, weil er sonst wieder zusammenfällt – nicht unterrühren, sondern vorsichtig »unterziehen«.

Eine Prise Salz oder einige Tropfen kalten Wassers zum **Eiweiß** gegeben, bewirken, dass der Schnee nicht nur schneller steif und cremig , sondern auch mengenmäßig ergiebiger wird.

Für die **Einbrenne** dünstet man Mehl und Fett hellgelb und gibt allmählich das kalte Wasser dazu, wobei immer fleißig gerührt werden muss, damit es keine Klümpchen gibt.

**Eintopf** sollte man nur in größeren Portionen kochen, mindestens für vier Personen, damit sich die verschiedenen Aromen besser mischen. Zehn Minuten vor Ende der Garzeit können Sie dann die Hälfte schon wegnehmen und einfrieren.

**Eiswürfel** sind besonders erfrischend, wenn man das Wasser beim Einfrieren mit Zitronensaft mischt.

**Endiviensalat** enthält Bitterstoffe, die nicht jedermanns Geschmack sind. Verwenden Sie daher die zarten gelben Blätter für den Salat und die dunkelgrünen Blätter für die Suppe.

**Enten** sind von Oktober bis Januar am besten im Fleisch. Am besten sind einjährige Enten oder vier Monate alte Mastenten. Alte Tiere schmecken nicht mehr so gut.

**Erbsen** sollten nicht roh gegessen werden. Sie enthalten das giftige Phasin.

Frische **Erbsen** bleiben schön grün und schmecken wunderbar zart, wenn man einen Teelöffel Zucker ins Kochwasser gibt.

Waschen Sie die **Erdbeeren** erst, bevor Sie sie putzen, damit sie nicht so viel Wasser aufsaugen können, denn das beeinträchtigt den Geschmack. Wenn sie nicht sofort verwertet werden können, sollten Erdbeeren luftig aufbewahrt werden – auf keinen Fall zusammengepresst.

**Esskastanien** werden vor dem Braten an der Spitze kreuzweise eingeschnitten und dann in der Pfanne oder im Backofen geröstet. In der Pfanne sollte man sie beim Braten ab und zu mit etwas Wasser bespritzen. Am besten sind sie im Herbst bis Anfang Februar.

Wenn man alte **Etiketten** von Gläsern und Flaschen entfernen möchte, reibt man sie mehrmals mit Essig ein, lässt ihn etwas einwirken und rubbelt die Etiketten dann ganz leicht ab.

**Feigen** lassen sich nicht leicht schneiden, weil sie so klebrig sind. Halten Sie entweder die Messerschneide kurz unter heißes Wasser oder legen Sie die Früchte kurz ins Eisfach.

**Fett,** das man zum Ausbacken von Spritz- oder Pfannkuchen verwendet, verbrennt nicht, wenn man ein Stückchen rohe Kartoffel oder etwas Mohrrübe hineingibt.

Verdorbenes **Fett** sollte man grundsätzlich nicht in den Ausguss schütten, da es fest wird und den Ausguss verstopft. Lassen Sie das Fett erstarren und entsorgen Sie es mit dem übrigen Abfall.

**Fisch** sollte nach dem Einkauf sofort in den Kühlschrank gelegt und möglichst am gleichen Tag verbraucht werden.

Damit Sie **Fische** leichter ausnehmen können: auch die dunkle innere Haut entfernen, reiben Sie die Innenseite mit Salz ein, warten Sie etwas und waschen dann die Haut heraus. Schlitzen Sie dann den Fisch vom Schwanz her vorsichtig auf. Beim Ausnehmen darf die Galle nicht verletzt werden, da sonst der Geschmack des ganzen Fisches verdorben wird. Der Kopf wird hinter den Kiemen abgetrennt, die Schwanzflosse kann mit der Schere beschnitten werden.

Der **Fisch** ist frisch, wenn man auf ihn drückt und er keine Delle hinterlässt. Auch müssen die Augen und die Haut glänzend, das Fleisch hell, fest und elastisch sein. Auf keinen Fall darf er nach Ammoniak riechen. Die Kiemen müssen hellrot oder dunkelrosa sein.

Es ist oft schwierig, einen **Fisch** aus dem Sud zu heben, ohne dass er in Teile zerfällt. Wenn man vor dem Dünsten ein doppeltes Pergamentpapier in den Topf legt, kann man den Fisch später leicht damit herausheben.

Der **Fisch** ist gar, wenn sich die Rückenflosse herausziehen lässt, die Augen grau werden oder hervorquellen und man die Hauptgräte gut vom Fleisch lösen kann.

Gebackener **Fisch** schluckt wenig Fett, wenn die Fischstücke nach dem Einsalzen in Mehl gewendet und dann erst in Ei und Brösel paniert werden.

Gefrorener **Fisch** wird zarter, wenn Sie ihn zum Auftauen in Milch legen.

**Fisch,** blau zubereitet, darf nicht geschuppt werden, da die Haut unverletzt bleiben muss. Der Fisch darf dann auch nur innen gesalzen werden.

Wann sind frische **Fische** am besten? Aal: Juni bis August, Forelle: Mai bis Juli, Hecht: September bis Januar, Karpfen: Oktober bis April, Renke: Februar bis September, Schleie: August bis April, Waller: im August, Zander: Juli bis März.

Von der Zubereitung von **Fischen** auf dem Holzbrett wird abgeraten, da der Fischgeruch schwer aus dem Holz zu entfernen ist. Porzellan und Steingutplatten sind leichter zu reinigen und daher besser geeignet.

Bei **Fischen,** die sich schwer entschuppen lassen, wie z. B. Barsche, wende man kein Messer für das Entschuppen an, sondern bediene sich eines Reibeisens. Man erleichtert sich das Abschuppen, wenn man den Fisch mit einem Tuch abreibt, also vom Schleim befreit, und dann fünf Sekunden in heißes, fast kochendes Wasser taucht.

**Fischgeruch** kann man vermindern, indem man alles benutzte Küchengerät mit heißem Wasser mit einigen Tropfen Essigessenz abspült. Die Hände reibt man mit Zitrone ab. Wenn Fisch gedämpft wird, klemmt man ein mit Essig getränktes Tuch zwischen Topf und Deckel.

**Flambieren** macht Spaß, kann aber gefährlich sein. Gießen Sie den hochprozentigen Alkohol nie direkt aus der Flasche auf die Gerichte (Explosionsgefahr!), sondern erst in einen kleinen Schöpflöffel. Flambieren gelingt am besten, wenn möglichst wenig Flüssigkeit in der Pfanne ist; Früchte sollte man also abtropfen lassen und Fleisch mit wenig Fett braten. Alkohol vorher anwärmen – er sollte mindestens 40 Prozent haben, damit er gut brennt.

**Fleisch,** das leicht mit Fett durchzogen ist, bleibt bei der Verarbeitung saftiger und hat mehr Geschmack.

Tiefgekühltes **Fleisch** taut wesentlich schneller auf, wenn man es mit Verpackung in ein Gefäß mit kaltem Wasser legt.

**Fleisch** sollte man nicht, damit es noch länger hält, anbraten, denn angebratenes Fleisch bietet gute Wachstumsbedingungen für Bakterien. Sie müssen in diesem Falle das Fleisch ganz durchbraten und am nächsten Tag verzehren.

Garzeiten bei **Fleisch:** Man unterscheidet durchgebraten (well done), innen rosa (medium), innen roh (englisch).

**Fleisch,** das nur kurz gebraten wird, sollte man besser vorher nicht salzen, sondern erst kurz vor dem Servieren.

Wenn Sie das **Fleisch** vor dem Braten salzen wollen, tun Sie es nicht mit dem Salzstreuer, sondern massieren Sie das Salz ein, damit der Austritt des Safts vermieden wird. Fleisch soll aus diesem Grund auch möglichst nicht geklopft werden. Lassen Sie lieber Ihr Schnitzel gleich entsprechend dünn schneiden. Fettränder an

Steaks und Schnitzeln werden eingeschnitten, damit sie sich nicht wölben und gleichmäßig bräunen.

**Fleisch** wird zart, wenn man es über Nacht in eine Essig- oder Buttermilchbeize legt.

Den ausgetretenen Saft von tiefgefrorenem **Fleisch** sollte man wegschütten. Nehmen Sie das Fleisch aus der Packung, lassen Sie es aber zugedeckt langsam (am besten im Kühlschrank) auftauen. Fettes **Fleisch** kann man nur ca. 6 Monate im Gefrierschrank aufbewahren. Mageres Fleisch hält sich hingegen ca. 10 Monate.

Welche Kräuter passen zu welchem **Fleisch**? Knoblauch zu Schweinefleisch, Thymian zu Lammfleisch, Rosmarin zu Kalbfleisch.

Wenn man das **Fleisch** vor dem Braten einige Minuten in kochendes Wasser legt, wird der Braten saftiger.

**Fleisch** für Fondue kann man über Nacht mit etwas Cognac beträufeln und zugedeckt stehen lassen. Es bekommt ein feines Aroma und wird ganz zart.

Das **Fleisch** wird schneller gar, wenn es mit einem Schuss Cognac übergossen wird.

**Fleisch** lässt sich sehr gut klein schneiden, z. B. für Geschnetzeltes, wenn man es vorher eine Stunde ins Gefrierfach legt.

Will man **Fleisch,** z. B. Bratenreste, aufwärmen, so wird es leicht hart. Wickeln Sie das Fleisch in Alufolie und erhitzen Sie es ganz langsam im Backrohr.

Um **Fleisch** jeder Art auch im Sommer mehrere Tage aufbewahren zu können, ist folgendes Verfahren anzuwenden: Ein Küchentuch wird in Essig, dem einige Messerspitzen Salz beigegeben werden, getränkt, jedoch wieder ausgewrungen. Das Fleisch wird fest in das Tuch gewickelt und vor dem Gebrauch gewaschen. Es bleibt kein Essiggeruch zurück.

**Fleisch** für kalte Platten lässt man, bis es erkaltet ist, in der Brühe liegen. Es behält seine Farbe und bleibt saftig.

**Fleisch** schmeckt nicht so gut, wenn es falsch tranchiert wird. Man sollte immer gegen den Verlauf der Fleischfasern schneiden, niemals mit ihnen.

**Fleischbrühe** soll ganz langsam, nicht brausend kochen, da man sie dann meistens nicht mehr klären muss. Klären kann man sie, indem man ein geschlagenes Eiweiß mit der heißen Brühe vermengt, die nun noch einmal aufkochen muss. Alle Unreinheiten setzen sich an dem geronnenen Eiweiß ab und können mit ihm entfernt werden.

Das Spritzen beim **Fondue** verhindert man, indem man dem Fett eine Kartoffel als »Spritzbremse« hinzufügt. Die gare Kartoffel muss dann später durch eine rohe ersetzt werden.

**Frikadellen** werden locker und würzig, wenn man eine geraspelte Mohrrübe unter den Teig mischt. Sie garen schneller, wenn Sie in die Mitte ein kleines Loch drücken, das beim Braten sowieso verschwindet.

**Frikadellen** schmecken würziger, wenn man die Brötchen nicht in Wasser, sondern in Fleischbrühe einweicht.

**Frischmilch** von der Kuh muss vor Verzehr immer abgekocht werden, da sie Keime enthalten kann, die Krankheiten verursachen.

Wann hat das **Frittierfett** die richtige Temperatur? Wenn es nämlich noch nicht heiß genug ist, saugt sich das Frittiergut voller Fett! Werfen Sie ein Stückchen Weißbrot in das Fett. Wenn es sich goldbraun verfärbt, ist die Temperatur richtig. Oder halten Sie den Stiel eines Kochlöffels hinein – an ihm müssen sich kleine Blasen bilden.

Wenn man tiefgefrorene **Früchte** während des Auftauens mit heißem Zuckerwasser übergießt, behalten sie ihre natürliche Farbe.

**Gänsebraten** wird leichter verdaulich, wenn er mit Kümmel gewürzt ist.

**Gänseschmalz** kann man nicht sehr lange aufbewahren. Wenn Sie es mit Schweineschmalz mischen und mit Zwiebeln und Äpfeln braten, erhalten Sie einen leckeren Brotaufstrich, der allerdings nicht gerade kalorienarm ist.

**Garprobe** bei Teig: Brotteig ist gar, wenn man an die Kruste klopft und es hohl klingt. Bei übrigem Backwerk sticht man mit einem trockenen Holzstäbchen in die höchste Stelle. Wenn das Stäbchen trocken und sauber bleibt, ist der Teig gar.

**Geflügel** lässt sich leichter rupfen, wenn man es vorher in kochendes Wasser taucht, einen Augenblick darin lässt und sich dann sofort an die Arbeit macht.

Alles **Geflügel** sollte man vor dem Verarbeiten warm abwaschen und dann abtrocknen.

Wegen Salmonellengefahr muss **Geflügel** ganz durchgegart sein. Man erkennt es daran, dass das Fleisch sich leicht von den Knochen lösen lässt und nicht blutig ist. Bei gefrorenem Geflügel muss aus demselben Grund das Auftauwasser weggeschüttet werden.

Am besten bleibt der Geschmack bei gefrorenem **Geflügel** erhalten, wenn man es langsam im Kühlschrank auftaut.

Besonders lecker ist **Geflügel,** wenn es mit Speck umwickelt (mit einem Faden zusammengehalten) gebraten wird. Probieren Sie es einmal.

Binden Sie vor dem Braten Flügel und Schenkel von **Geflügel** mit einem festen Zwirn zusammen, den Sie hinterher entfernen.

**Geflügelsalat** schmeckt besonders lecker, wenn Sie das gekochte Fleisch mit Zitrone beträufeln.

**Gemüse,** das unter der Erde wächst, sollte nur zugedeckt gekocht werden. Gemüse, das über der Erde wächst, kann auch offen gekocht werden.

**Gemüse** hält sich in feuchtem Seidenpapier oder Küchenkrepp aufbewahrt länger frisch. Putzen Sie Gemüse im Ganzen und lassen Sie es nicht im Wasser liegen, da es sonst viele Vitamine verliert. Erst ganz kurz vor der Verwendung wird das Gemüse zerkleinert. Jedes Gemüse soll anfangs eine Zeit lang ohne Salz gekocht werden; es wird dadurch weicher.

**Gemüse** wird mit wenig Fett und geringem Wasserzusatz im eigenen Saft gedünstet. Es behält auf diese Weise seine Nährsalze und seinen Eigengeschmack.

Junges **Gemüse** darf möglichst nicht gerührt, sondern nur geschüttelt werden, damit es nicht zerfällt.

Tiefgefrorenes **Gemüse** mit heißem Wasser übergießen und alles Gefrierwasser wegwaschen. Das gibt einen frischen Geschmack.

**Gemüse** und Obst sollen nicht zusammen gelagert werden, da sie sich gegenseitig negativ beeinflussen und schneller schlecht werden.

**Gemüsesuppen** aus frischem Gemüse schmecken intensiver, wenn das Gemüse angedünstet wird, bevor man die Flüssigkeit auffüllt.

**Geräucherter Schinken** hält sich im Kühlschrank wegen der hohen Luftfeuchtigkeit nicht besonders lange und fängt leicht an zu schimmeln. Am besten wird er in einem luftigen, kühlen und trockenen Raum aufbewahrt.

**Gerüche,** die sich vom Kochen in der Wohnung ausbreiten, kann man überdecken, indem man eine Mischung aus Zucker und Zimt leicht erhitzt. Das duftet köstlich und kann auch weiterverwendet werden.

Getrocknete **Gewürze** sollen lange ihr Aroma behalten. Am besten bewahrt man sie daher in licht- und luftdichten Gefäßen auf.

Wenn sich bei der **Götterspeise** Klümpchen gebildet haben, erwärmen Sie sie unter ständigem Rühren so lange, bis sich die Klümpchen aufgelöst haben (Vorsicht: nicht zum Kochen bringen).

**Grieß** ist bedeutend ergiebiger, wenn man ihn vor dem Kochen in angerührtem Zustand eine Stunde quellen lässt. Der Grießbrei wird dann beim Kochen schaumig wie Eierschnee.

Essen Sie **grüne Bohnen** niemals roh. Sie enthalten das giftige Phasin.

**Grünkohl** hat erst das richtige Aroma, wenn er Frost abbekommen hat. Legen Sie ihn nach dem Säubern für ein paar Stunden in den Gefrierschrank. Tiefgekühlter Grünkohl hat seinen Frost sowieso bekommen.

**Grundsoße:** Eine Zwiebel schneiden, in 40 g zerlassenem Fett dämpfen, mit 50 g Mehl hell anlaufen lassen, mit Flüssigkeit (Brühe, Wasser, o. Ä.) ablöschen, bis die Soße flüssig, aber noch sämig ist. Würzen, auskochen lassen.

**Gulasch** wird ganz besonders lecker, wenn man es mit etwas Sherry, Madeira oder Rotwein abschmeckt.

Für **Gulasch** nimmt man am besten vom Schwein: Brustspitz, Kamm und Halsstück, vom Rind: Schulter, Unterschale, Schwanzstück.

**Gurken** sollten immer von der Blüte zum Stiel geschält werden, da sich sonst die Bitterstoffe im Stängelansatz auf die ganze Gurke übertragen. Lagern Sie niemals Gurken und Tomaten zusammen – die Gurken vergilben dann schnell.

Wissen Sie, dass eingelegte **Gurken** hart und fest bleiben, wenn man sie vor dem Einlegen mit einer Strick- oder Stopfnadel durchsticht?

Alle Arten **saure Gurken** halten sich lange, wenn man beim Einlegen einige Stücke Meerrettich daran tut. Die Gurken müssen kühl aufbewahrt werden.

**Hackbraten** fällt nicht so leicht auseinander und lässt sich besser schneiden, wenn man der Fleischmasse etwas Kartoffelmehl oder ein bis zwei zerdrückte Kartoffeln zugefügt hat. Wenn man ihn nach der Garzeit in Alufolie gewickelt etwas ruhen lässt, zerfällt er nicht beim Aufschneiden.

**Hackfleisch** ist leicht verderblich, da durch das Zerkleinern die Oberfläche um vieles größer wird und Bakterien mehr Angriffsfläche haben. Legen Sie es nach dem Kauf sofort in den Kühlschrank und verwerten Sie es in den nächsten 24 Stunden. Der Metzger darf Ihnen übrigens nur Hackfleisch vom selben Tag verkaufen.

Manch einer mag kein **Hackfleisch** für den Hackbraten mit den bloßen Händen kneten. Dies können Sie vermeiden, wenn Sie die Zutaten in einen Plastikbeutel tun und von außen die Masse durchkneten. Sie können zum Kneten auch Gummihandschuhe anziehen.

**Hähnchen** werden schön knusprig, wenn man sie vor dem Braten mit Kondensmilch und Paprikapulver einpinselt.

**Hähnchenschenkel** werden saftig und zart, wenn man sie vor dem Braten zwei Stunden in Buttermilch einlegt.

**Hammelfleisch** schmeckt ganz heiß – und auf warmen Tellern – am besten. Das erkaltete Fett hat einen unangenehmen talgigen Geschmack.

Damit die **Hammelkeule** knusprig wird, sollte man sie kurz vor Ende der Bratzeit mit Wacholderschnaps oder dunklem Bier übergießen.

Wenn die **Hartwurst** kurz im Wasser gelegen ist, lässt sich die Pelle mühelos abziehen.

Wenn man **Haselnüsse** einige Minuten im Ofen auf dem Blech röstet, lässt sich die Haut hinterher leicht herunterreiben.

**Hasenfleisch** wird besonders zart, wenn man es 1–2 Tage vor dem Braten in Sauerrahm oder Buttermilch einlegt.

Man kann die **Hefe** mit Buttermilch anrühren – das Gebäck wird dann wunderbar locker.

Derber **Hefekuchen** oder Backpulverkuchen geht schön auf und trocknet vor allem nicht aus, wenn man während des Backens ein kleines Schälchen mit Wasser in den Ofen stellt.

Bei der Bereitung von **Hefeteig** darf Salz nicht unmittelbar mit der Hefe in Berührung kommen.
Für das Gehen ist Wärme unbedingt notwendig, vor allem gleichmäßige Wärme von unten her. Das erreicht man in idealer Weise, wenn man die Teigschüssel auf einen mit warmem Wasser gefüllten Topf stellt. Das ist besser, als wenn man den Teig auf den warmen Herd oder in die Nähe des zu heißen Ofens stellt.

Wie verhindert man das Verkrusten des **Hefeteiges?** Wenn der Teig länger zum Gehen braucht, entsteht leicht eine Kruste an der Oberfläche, die dem Backwerk ein raues Aussehen gibt. Dem kann man vorbeugen, wenn man den fertigen Teig mit ausgelassenem Fett bestreicht.

Wenn man **Hefeteig** eine Stunde in das Gefrierfach gelegt hat, lässt er sich hinterher hauchdünn ausrollen.

Wenn man dem **Hefeteig** bei jedem Pfund Mehl eine geriebene Kartoffel zugiebt, wird er besonders locker.

Im Gegensatz zu anderem Gebäck, das in der Form etwas abkühlen soll, muss man **Hefeteig** sofort nach dem Backen vom Blech nehmen, da sonst der Geschmack beeinträchtigt wird.

**Heiße Speisen** und Flüssigkeiten können bedenkenlos in Glas oder Porzellan gebracht werden, wenn man die Gläser oder Gefäße zuvor auf feuchte Tücher stellt. Dadurch wird das so gefürchtete Zerspringen vermieden.

Ist die **Hollandaise** geronnen, kann man sie noch retten, indem man den Topf vom Herd nimmt und mit dem Schneebesen schnell etwas kaltes Wasser oder einen Eiswürfel einrührt.

Kristallisierten **Honig** kann man in einem Wasserbad bis zu 40 Grad wieder verflüssigen. Das Wasser sollte jedoch nicht heißer sein, da sonst die wertvollen Inhaltsstoffe zerstört werden. Darauf sollte man auch achten, wenn man heiße Milch oder Tee mit Honig trinkt.

Zur Aufbewahrung von **Honig** eignen sich Glasgefäße am besten. Metallgefäße beeinträchtigen den Geschmack.

Um das Auskristallisieren des Zuckers beim **Honig** zu vermeiden, verteilen sie ihn auf kleinere Plastikbehälter und frieren ihn ein. Bei Bedarf ist er schnell aufgetaut.

Wenn man **Hühnerbrühe** kalt stellt, kann man das fest gewordene Fett von der Oberfläche leicht ablöffeln.

**Hühnersuppe** ist ein gutes Mittel gegen Erkältung. Sie enthält Cystein, eine spezielle Aminosäure, die gegen Entzündung der Atemwege hilft. Suppenhuhn in Teile schneiden, ca. 2,5 Liter Wasser hinzufügen und mit Suppengrün im geschlossenen Topf ca. 2 Stunden köcheln lassen.

**Hülsenfrüchte** kochen sich leichter, wenn sie abends vorher eingeweicht werden und eine Prise Natron dazukommt. Grundsätzlich zum Kochen in kaltem Wasser aufsetzen. Erbsen und Bohnen werden im Einweichwasser weich gekocht, bei Linsen wird das Wasser erneuert. Salz sollte erst nach dem Garkochen hinzugefügt werden, da die Hülsenfrüchte dann rascher weich werden.

Fettet man den Boden des Kochtopfes mit Butter oder einer Speckschwarte ein, so verhindert man, dass die

**Hülsenfrüchte** »anhängen«; auch erleichtert man sich dadurch das Reinigen des Topfes.

Gekochten **Hummer** halbiert man, indem man ihn ohne Scheren mit dem Bauch auf die Arbeitsplatte legt, auf dem Kreuz mit dem scharfen Messer einsticht, das Messer bis zum Schwanzende durchzieht, es zurückführt und das Messer dann bis zum Kopf hinführt.

**Ingwer** hält sich im Kühlschrank mehrere Monate, wenn man ihn, je nach Geschmack, in trockenen Sherry oder Salzwasser einlegt. Schälen, zerkleinert, in ein Glas mit Schraubverschluss geben, mit der Flüssigkeit bedecken. Fertig.

**Johannisbeeren** abzupfen ist mühselig. Versuchen Sie es mal mit einer Gabel. Einfach in die Träubchen stecken und abstreifen.

Damit **Käse** seinen vollen Geschmack entfalten kann, sollte man ihn eine Stunde vor dem Verzehr aus dem Kühlschrank nehmen. Eine Aufbewahrung im Kühlschrank ist trotzdem sinnvoll, da er sich länger hält, weil der Reifeprozess verzögert wird.

Wenn **Käse** – auch Schimmelkäse – unangenehm scharf schmeckt, so kann sich gesundheitsschädlicher Schimmel gebildet haben. Werfen Sie den Käse besser weg. Bei Hartkäse im Stück kann man die schimmeligen Stellen wegschneiden.

Ein Stück **Käse** hält sich länger frisch als Scheibenkäse.

Um **Käse** lange frisch zu halten, wickle man ihn in ein mit Milch oder Salzwasser getränktes Tuch.
Wenn man ein Stückchen Zucker mit unter die Käseglocke legt, kann der Käse nicht so schnell schimmeln.

**Käse** schneidet sich leichter mit einem stumpfen Messer.

Ist ein Stück **Schnittkäse** hart geworden, kann man es in Milch legen und danach verzehren.

Für **Käsefondue** muss der Wein säuerlich sein. Zur Not helfen Sie mit etwas Zitronensaft nach. Klumpt die Fonduemasse, geben Sie einen Schuss Essig dazu und rühren sie gut durch. Etwas Backpulver in die geschmolzene Käsemasse, macht das Fondue leichter verdaulich.

Damit **Käsetorten** nicht so leicht zusammenfallen, fügt man der Käsefüllung 1–2 Esslöffel Kartoffelmehl als Bindemittel zu. Nach dem Backen in der Form noch etwas auskühlen lassen.

**Kaffee** schmeckt milder, wenn Sie eine kleine Prise Salz in die Filtertüte geben. Auch etwas Natron verbessert das Aroma, weil dadurch das Wasser enthärtet wird.

**Kalbfleisch** muss beim Kauf eine zartrosa Farbe haben – sonst ist es mit Sicherheit nicht frisch und genießbar.

Übergießen Sie niemals **Kalbfleisch** beim Braten mit Wasser, da das Fleisch sonst faserig wird.

Waschen Sie **Kalbfleisch** nicht ab, da sonst die Nährwerte zerstört werden. Am besten tupft man es mit einem sauberen Tuch oder Küchenpapier ab.

Die Größe spielt bei der Qualität von **Kapern** eine Rolle. Klein, fest und geschlossen sind sie am besten

**Kartoffeln** nie neben Zwiebeln lagern, sie faulen sonst sehr schnell.

Die **Kartoffel** braucht einen kühlen, trockenen Keller, der an milden Wintertagen gründlich durchgelüftet wird. Er muss eine Temperatur von 2 bis höchstens 8 Grad haben, Zugluft verträgt die Kartoffel nicht. Der Untergrund darf nicht feucht sein, darum hebt man die Kartoffeln in einer Kiste auf, die auf Mauersteinen ruht. Sie dürfen auf keinen Fall gefrieren, da sie sonst schnell faulen und einen süßlichen Geschmack bekommen. Wenn Sie im Keller ein Gefäß mit Kalk aufstellen, faulen die Kartoffeln auch bei längerer Lagerung nicht.

Wichtige Nährwerte befinden sich bei der **Kartoffel** unter der Schale. Deshalb sollen sie möglichst mit der Schale, also als Pellkartoffeln, gekocht werden. Salzkartoffeln schält man recht dünn, um einen Nährstoffverlust zu vermeiden.

Decken Sie gekochte **Kartoffeln** im Topf mit einem Tuch und nicht mit dem Deckel zu, wenn sie nicht gleich serviert werden können. Der Dampf zieht in das Tuch und die Kartoffeln kommen trocken auf den Tisch.

Festkochende **Kartoffeln** nimmt man für Kartoffelsalat, Pell-, Brat- und Salzkartoffeln. Mehlig kochende Kartoffeln werden für Kartoffelklöße, -brei und Kartoffelpuffer verwendet sowie für Suppen und Eintöpfe.

Um jungen **Kartoffeln** leicht die Haut abziehen zu können, wirft man sie für einige Augenblicke in kochendes Wasser, das man dann abseiht. Die dünne Schale der Kartoffeln kann man danach abziehen wie bei Mandeln. Man kann auch die Kartoffel mit der Schale halbgar kochen und sie dann, z. B. für Eintöpfe, abziehen.

Haben Sie für heute zu viele **Kartoffeln** geschält? Entweder Sie kochen sie mit und machen am nächsten Tag Bratkartoffeln. Wenn Sie sie roh in einer Schüssel mit Wasser bedecken, dem ein paar Tropfen Essig hinzugefügt ist, halten sie sich im Kühlschrank ungefähr 2–3 Tage.

Keime und grüne Stellen an den **Kartoffeln** gut ausschneiden. Sie enthalten Solanin (Gift!).
Wenn Sie in das **Kochwasser** etwas Margarine tun, werden Kartoffeln schneller gar, da der Siedepunkt dadurch erhöht wird.

Mögen Sie **Kartoffelbrei** ganz glatt und geschmeidig? Dann rühren Sie erst die Butter und das Salz unter die zermanschten Kartoffeln und zuletzt die vorgewärmte Milch. Wenn Sie das eigene Kochwasser zum Pürieren verwenden, bleiben der Eigengeschmack und die Nährstoffe im Kochwasser erhalten. Zum Schluss genügt dann etwas Milch und Butter, um den Geschmack zu vervollkommnen.

Das beste Gewürz zu **Kartoffelgerichten** ist Majoran.

**Kartoffelknödel:** Werfen Sie erst einen Probeknödel ins Wasser, um zu überprüfen, ob die Masse gut zusammenhält. Nach dem Aufkochen soll das Wasser nur noch wallen oder sieden, damit die Knödel nicht auseinander fallen.

Hausgemachte **Kartoffelpuffer** sind eine Delikatesse. Wenn Sie dem Teig eine geriebene Mohrrübe beimischen, erhalten sie auf jeden Fall eine appetitanregende Farbe.

**Kartoffelpuffer** werden knusprig und erhalten eine interessante Geschmacksnote, wenn man Sesamsamen unter den Teig gibt.

Den Teig für **Kartoffelpuffer** kann man in eine große Kaffeefiltertüte geben. Das Wasser läuft so ab und die Stärke bleibt erhalten.

**Kartoffelpuffer** liegen nicht so schwer im Magen, wenn man etwas Speisequark oder etwas Backpulver unter den Teig rührt.

Damit der **Kartoffelsalat** nicht matschig wird, übergießt man die geschnittenen Kartoffelscheiben mit heißer Brühe. Das verbessert auch den Geschmack.

**Kartoffelwasser** sollte man nicht weggießen, denn es enthält wertvolle Nährstoffe. Man kann es am nächsten Tag als Basis für eine Suppe weiterverwenden.

**Kekse** kann man gut in einer Blechdose aufbewahren, die man am besten mit Pergament- oder Küchenpapier auslegt.

**Ketchup** und andere Soßen wollen nicht aus der Flasche: Stecken Sie einen Strohhalm bis auf den Boden der Flasche. Dadurch dringt Luft ein und die Soße fließt leichter aus der Flasche.

**Klöße oder Knödel** sehen schöner aus und schmecken besser, wenn man reichlich gehackte Petersilie unter den Teig mischt.

**Knoblauch** ist sehr gesund, senkt den Blutdruck und wirkt der Verkalkung der Arterien entgegen – ist also ein wahrer Jungbrunnen. Gegen den Geruch kaut man einige Aniskörner oder Wacholderbeeren. Auch ein Glas Milch, nach dem Essen getrunken, tut gute Dienste. Um den Salat zu verfeinern, ohne dass man gleich nach Knoblauch »duftet«, reicht es schon, die Salatschüssel mit einer zerschnittenen Knoblauchzehe auszureiben. Knoblauch wird auch bekömmlicher und riecht nicht mehr so stark, wenn man vor der Zubereitung den Keim in der Mitte entfernt.

**Knoblauchzehen** kann man in einer Tüte verschlossen gut im Gefrierfach aufbewahren. Sie trocknen nicht aus, wenn man die geschälten Zehen in Salatöl legt, das außerdem einen aromatischen Geschmack annimmt.

**Knochen** für die Brühe möglichst zerkleinert anbraten, sie erhält dann eine kräftige Farbe und je kleiner die Knochen, desto kräftiger wird die Brühe.

Übrig gebliebene **Knödel** lassen sich schlecht aufwärmen. Am besten röstet man sie mit Speck oder Fleischresten und Zwiebeln in der Pfanne.

**Kochfisch** sollte in einem Sud aus hälftig Wein und Wasser mit Suppengrün nur ziehen, nicht sprudelnd kochen.

Wer ein echter **Kochkünstler** werden will, muss folgende Regeln auf jeden Fall beachten:
Nur marktfrische Ware verwenden.
Der feine Geschmack von Butter ist durch nichts zu ersetzen.
Suppen und Soßen möglichst nicht mit Mehl, sondern mit Sahne binden.

Statt Wasser Wein oder Fonds zum Kochen nehmen.
Sicher im Umgang mit Gewürzen sein.
Möglichst nur frische Kräuter verwenden.

**Kochzeiten** lassen sich verkürzen, wenn man große niedrige Töpfe benutzt statt hohe schmale.

Wenn man **Kohl** eine Stunde in Salz- oder Essigwasser legt, kriechen alle Insekten, Würmer oder Raupen heraus.

Manche Menschen reagieren empfindlich auf **Kohl,** weil er eine blähende Wirkung hat. Diese wird durch Zugabe von Kümmel gemindert. Wenn man dem Kochwasser etwas Zucker hinzugibt, wird auch der Geruch in der Küche gemindert.

**Kohlrabi** verströmt beim Kochen einen unangenehmen Kohlgeruch. Das lässt sich vermeiden, wenn man ein Stück Brotkruste mitkocht.

Wer hat nicht schon Schwierigkeiten gehabt, die großen Blätter für **Kohlrouladen** vom Kohlkopf zu lösen. Das geht viel leichter, wenn man den Kohlkopf vorher eine Stunde in das Gefrierfach legt.

Das Öffnen von **Kokosnüssen** ist kein Problem. Man schlägt in zwei der »Augen« einen Nagel oder einen anderen spitzen Gegenstand, schüttet die Milch aus und zerschlägt dann die Nuss mit einem Hammer.

**Kopfsalat** muss gut gewaschen werden, doch sind die Rippen nicht zu entfernen, da sie vitaminreich und für den Körper wertvoll sind.

Panierte **Koteletts** sollte man schon eine halbe Stunde vor dem Panieren mit verquirltem Ei bestreichen. Hinterher gut abtropfen lassen und panieren. Das Fleisch wird so herrlich zart.

**Kotelettknochen** kann man vor dem Servieren auslösen und dann noch als Suppenknochen verwenden.

Wenn Sie **Krabben** aus der Dose mit etwas Sherry und einem Esslöffel Essig marinieren und ziehen lassen, verliert sich der Konservengeschmack.

Zu **Krabben** passt besonders gut gehackter Dill.

Frische **Kräuter** enthalten wertvolle Vitamine und Mineralstoffe. Darum sollte man sie nicht mitkochen, sondern erst kurz vor dem Servieren über die Speisen geben. Besonders gilt dies für Basilikum, Borretsch, Dill, Schnittlauch und Zitronenmelisse. Damit sie frisch bleiben, bewahren Sie sie am besten in einem geräumigen Glas mit Schraubverschluss im Kühlschrank auf. Den gleichen Zweck erfüllt ein Plastikbehälter mit Vakuumverschluss – legen Sie vorher eine Schicht Küchenpapier ein.
Frische Kräuter lassen sich für ca. 10 Monate gut einfrieren. Gewaschen und getrocknet in einem Plastik-

beutel vorfrieren, dann im Beutel mit dem Nudelholz zerreiben und wieder einfrieren.

Getrocknete **Kräuter** müssen kühl, dunkel und gut verschlossen aufbewahrt werden. Frische Kräuter können Sie auch in Essig oder Öl einlegen. Einfach waschen, mit dem Küchenkrepp antrocknen, in ein Glas füllen und die Flüssigkeit darübergießen.

**Kraut,** ob weiß oder rot, kann man teilen und dann mit der Brotschneidemaschine in Streifen schneiden. Das spart Arbeit und wird schön gleichmäßig.

**Krautsalat** soll sehr fein geschnitten und dann leicht gestampft werden, damit das Kraut die Marinade besser annimmt.

Kurz vor Ende der Backzeit sollten Sie Ihren **Kuchen** mit in Milch verrührtem Zucker bestreichen. Er wird so wunderbar goldgelb.

Ist ein **(Napf-)Kuchen** zu dunkel geraten, reibt man ihn mit einer kleinen Reibe leicht ab. Puderzucker bedeckt kleine Makel.

**Kuchen** wird schön locker, wenn man wenige Tropfen Essig unter den Teig rührt. Dann bröselt der Mürbeteig auch nicht so sehr.
Wenn man die Backform nach dem Einfetten kurz in den Kühlschrank stellt, vermischt sich das Fett nicht

mit dem Teig und der Kuchen lässt sich nach dem Backen besser aus der Form lösen. Man sollte den Kuchen auch nach dem Backen einige Minuten ruhen lassen und dann erst vorsichtig aus der Form nehmen und abkühlen lassen.

Damit sich der **Kuchen** nach dem Backen leichter aus der Form nehmen lässt, sollte man nach dem Einfetten der Form etwas Mehl hineinsieben.

Wenn der **Kuchen** auf der Oberseite dunkel wird, legt man ein Stück Backpapier oder Alufolie darauf.

Haben Sie keine **Küchenwaage** und keinen Messbecher? Hier sind einige Gewichtsangaben, mit denen man sich behelfen kann:
5 mittelgroße Äpfel = ca. 500 g
5 mittelgroße Kartoffeln = ca. 500 g
8 Esslöffel Flüssigkeit = ca. $^1/_8$ l
1 gestrichener Esslöffel festes Fett = 20–25 g
1 gestrichener Esslöffel Fett oder Öl = 10 g
1 gestrichener Esslöffel Graupen = 20 g
1 gestrichener Esslöffel Haferflocken = 12–15 g
1 gestrichener Esslöffel Mehl = 10 g
1 gestrichener Esslöffel Reis = 20 g
1 gestrichener Esslöffel Salz = 12 g
1 gestrichener Esslöffel Speisestärke = 15 g
1 gestrichener Esslöffel Zucker = 15 g

Einige Maße für Getränke:
2 Tassen Kaffee = 2 gehäufte Teelöffel Kaffeepulver, 1/4 Liter Wasser
2 Tassen Tee = 2 gestrichene Teelöffel Tee, 1/4 Liter Wasser
1 Tasse Kakao = 1 gestrichener Teelöffel Kakao, 0,2 Liter Milch
1 Flasche Sekt (3/4 Liter) = 6–7 Gläser
1 Flasche Wein (3/4 Liter) = 4–5 Gläser

Wenn man in die heiße **Kuvertüre** einen Löffel Joghurt rührt, so bleibt die Glasur geschmeidig und zerbricht nicht beim Schneiden des Kuchens.

Wenn man das Gefäß mit **Kuvertüre** nach dem Kuchenbacken gleich in den warmen Backofen stellt, muss man sie nicht im Wasserbad erwärmen.

**Lachshälften** kann man leichter entgräten, wenn man sie mit der Hautseite nach unten über eine umgekehrte Schüssel legt. Die Gräten richten sich auf und lassen sich leicht entfernen.

**Lammkoteletts** sind sehr klein, man rechnet zwei bis drei Stück pro Person. Sie sollen in sehr heißem Fett gebraten werden – gut schmecken dazu grüne Bohnen. Immer ganz heiß servieren.

**Lammkoteletts** behalten ihren Saft, wenn man sie in einer Mischung aus 1 Teil Olivenöl und 1 Teil Butterschmalz brät.

**Lauch** muss gründlich gewaschen werden. Dazu schneidet man ihn von den Blättern zur Wurzel hin ein und spült ihn von der Wurzel zu den Blättern gut aus, damit die eingeschlossene Erde entfernt wird.

Jede **Leber,** welche zum Rösten, Dünsten, Braten, Backen bestimmt ist, wird weicher, wenn sie einige Stunden vor dem Gebrauch in Milch gelegt wird. Das nimmt ihr auch den etwas strengen Geschmack.

**Leber** erst nach dem Braten würzen, da sie sonst hart wird.

Wenn **Leber** einen zarten Geschmack bekommen soll, wird sie vor dem Braten in Sahne gewendet.

Die **Leberscheiben** sollten nicht zu groß sein und etwa anderthalb bis zwei Zentimeter dick.

**Leberpastete** lässt sich gut gekühlt besser schneiden.

Brechen Sie **Lorbeerblätter** vor dem Kochen in Stücke. So wird mehr von dem herb-würzigen Geschmack an das Essen abgegeben.

**Mais:** Er schmeckt besonders zart, wenn Sie dem Kochwasser etwas Butter und eine Prise Zucker hinzugeben. Salz im Kochwasser macht den Mais hingegen hart. Schön gelb wird er, wenn Sie kurz vor Beendigung der Kochzeit dem Wasser etwas Zitronensaft zufügen.

**Mandeln** lassen sich ganz leicht häuten, wenn man sie mit kochendem Wasser überbrüht hat.

**Margarine** immer in einem Behälter mit Deckel aufbewahren! Sie nimmt leicht fremde Gerüche an.

Beim Kochen von **Marmelade** sollte man zum Schluss einen Schuss Zitronensaft unterrühren. Das erhält die Farbe der Früchte und gibt auch einen guten, frischen Geschmack.
Wenn man eine Messerspitze Butter dazugibt, läuft der Fruchtbrei beim Kochen nicht über.

Um beim **Marmorkuchen** eine hübsche Musterung zu erzielen, durchzieht man den eingefüllten hellen und dunklen Teig vorsichtig mit einer Gabel.

Ausgetrocknetes **Marzipan** legen Sie am besten eine Zeit lang in ein feuchtes Tuch, damit es wieder frisch wird.

**Matjesheringe** sind am besten von Mitte Mai bis Ende Juni. Wenn sie zu salzig schmecken, legen Sie sie eine halbe Stunde in zwei Drittel Wasser mit einem Drittel Milch. Statt Milch kann man auch Buttermilch nehmen.

Für die **Mayonnaise** rührt man das Öl tropfenweise zum Eigelb, damit es nicht gerinnt. Der eingekerbte Korken auf der Ölflasche ist ein billiger und guter Helfer dabei. Alle Zutaten sollten die gleiche Temperatur haben – sonst gerinnt das Eigelb.

Frischer **Meerrettich** kann für längere Zeit aufbewahrt werden, wenn man ihn in Alufolie gewickelt ins Gefrierfach legt und immer nur so viel entnimmt, wie man sofort verbrauchen kann.

Ist **Meerrettich** zu scharf, wird er nach dem Aufreiben ausgebreitet und einige Minuten ins Rohr gestellt. Man kann ihn aber auch mit geriebenem Apfel mischen oder mit etwas heißer Milch übergießen.

Braunwerden von **Meerrettich** lässt sich verhindern durch Zugabe von etwas Essig, Zitronensaft oder Milch.

**Meerrettich,** der zu scharf ist, sollte man vor dem Schälen eine halbe Stunde in Milch legen.

Das Sieben des **Mehls,** wie es früher üblich war, ist nicht überflüssig, wie vielfach angenommen wird. Die durch das Sieben hinzutretende Luft lockert das Mehl auf und wirkt so als Treibstoff, der das Backwerk im Rohr zum »Steigen« bringt.

Mischen Sie eine Prise Salz unter das **Mehl,** damit es beim Anrühren nicht so klebt.

Da **Mehl** leicht fremde Gerüche annimmt, sollte es nur mit geruchsneutralen Lebensmitteln gelagert werden.

**Mehl** streut man nie in Wasser, es wird garantiert klumpig. Geben Sie das Mehl in eine Schüssel und rühren Sie es langsam mit kaltem Wasser an.

Verschiedene **Mehlsorten:** Zum Backen eignet sich niedrig ausgemahlenes Mehl, z. B. Type 405 und 550. Biskuitteig wird am besten mit Type 450; wenn Sie selbst Brötchen backen möchten, werden diese herzhafter mit Type 1050 oder 1600. Für Blätterteig ist Type 550 am besten geeignet.

Reife **Melonen** erkennt man an ihrem Duft und eventuell an dem Riss um den Stängel herum.

Kein **Messbecher** zur Hand? Auf Babyfläschchen sind alle Maße genau gekennzeichnet.

Das Anbrennen der **Milch** kann man dadurch verhüten, dass man den Topf mit kaltem Wasser ausspült und vorher erwärmt. Die Haut auf der Milch ist nicht sehr beliebt. Rühren Sie sie während des Erwärmens mit dem Schneebesen.

Verdorbene **H-Milch** schmeckt nicht sauer und man merkt nicht, dass sie nicht mehr genießbar ist. Geschlossen hält sie sich sehr lange (siehe Haltbarkeitsdatum), angebrochen ist sie auch im Kühlschrank nach 3 bis 4 Tagen verdorben.

**Milch** ist in der Küche vielseitig verwendbar: Hat man Speisen zu scharf gewürzt, kann man sie durch Zugabe von etwas Milch mildern. Der Eigengeschmack von Gemüse kommt durch Zugeben von etwas Milch besser zur Geltung. Wildfleisch und Leber legt man in Milch oder Buttermilch ein, um den Eigengeschmack zu mildern.

**Milchreis** brennt leicht an. Früher hat man ihn nach kurzem Aufkochen in eine Kochkiste gesteckt – so etwas hat wohl heute kaum noch jemand. Es reicht aber, wenn Sie den Topf in eine Decke wickeln und den Reis z. B. unter der Bettdecke ausquellen lassen.

**Milchreis** kann man mit einem Schuss Espresso und einigen zerkleinerten Amarettini verfeinern.

Kochen Sie einmal Ihren Kaffee mit **Mineralwasser**. Das Aroma des Kaffees bleibt viel besser erhalten.

**Mineralwasser** läuft beim Einschenken nicht über, wenn man die Flasche beim Öffnen etwas schräg hält.

Wenn Sie im Teig einen Teil der angegebenen Menge Milch durch **Mineralwasser** ersetzen, wird der Kuchen wunderbar locker.

**Mohn** enthält viel Fett und wird daher leicht ranzig. Er sollte daher erst gekauft werden, wenn er gebraucht wird – ein Vorrat ist nicht sinnvoll.

Von **Mohrrüben** sollte man sofort das Kraut entfernen, da es den Rüben den Saft entzieht und sie mit Kraut schneller welk werden.

Roh geraspelte **Mohrrüben** behalten ihre appetitliche Farbe, wenn man sie mit einigen Tropfen Zitronensaft beträufelt. Das Vitamin A kommt einem beim Essen aber nur zugute, wenn sie mit etwas Fett oder Öl zubereitet sind.

Frische **Morcheln** bekommt man nur kurze Zeit – von April bis Juni. Sie sind eine Delikatesse und daher sehr teuer. Am besten schmecken sie pur mit Sahnesoße. Sandreste müssen gut abgewaschen werden. Roh sind Morcheln unverträglich.

Plätzchen oder anderes Gebäck aus **Mürbeteig** wird besonders locker, wenn Sie etwas Zitronensaft unter die Eier mischen.

**Mürbeteig** wird geschmeidig und lässt sich leicht verarbeiten, wenn Sie vor dem Durchkneten einige Tropfen geschmacksneutrales Öl untermischen.

Bitte kein Mehl hineinkneten, wenn der **Mürbeteig** etwas zu weich geworden ist. Stellen Sie den Teig vor dem Verarbeiten lieber eine Stunde in den Kühlschrank.

Bei gedecktem Apfelkuchen reißt der **Mürbeteig** für die Decke leicht ein. Rollen Sie den Teig auf etwas Küchenfolie aus, klappen Sie ihn dann auf den Kuchen und ziehen die Folie vorsichtig ab.

Frische **Muscheln** gibt es nur von September bis April. Weit geöffnete Muscheln sind verdorben – sofort wegwerfen. Geschlossene Muscheln unter fließend kaltem Wasser gründlich bürsten und den »Bart« entfernen. 5–7 Minuten dämpfen. Die Schalen öffnen sich dabei. Muscheln, die sich nicht geöffnet haben, wiederum wegwerfen. Man rechnet bei einem Muschelessen ca. 500 g Muscheln pro Person.

**Nudeln** kochen nicht so leicht über, wenn Sie dem Kochwasser einen Schuss Öl zufügen. Sie kleben dann auch nicht zusammen.

Wenn man die **Nudeln** für Nudelsalat mit Essig- und Salzwasser kocht, muss man hinterher nicht mehr so viel würzen.

**Nudelteig** ist leichter und wird lockerer, wenn das betreffende Eiweiß zu Schnee geschlagen wird.

Das Salz gibt man erst in das **Nudelwasser,** wenn es kocht. Es muss sich auflösen, bevor man die Nudeln hineingibt. Nur so kann es mit dem Wasser in die aufquellenden Nudeln eindringen.

Ranzige **Nüsse** muss man wegwerfen, da sie Gift (Aflatoxine) enthalten können. Frische Nüsse haben weißes Fleisch, bei älteren wird es gelblich.

Wenn Sie etwas Zucker auf das Küchenbrett tun, springen **Nüsse** beim Zerhacken nicht mehr in alle Richtungen.

Getrocknetes **Obst** quillt besser auf und wird dadurch ergiebiger, wenn es in lauwarmem Wasser gewaschen und dann in kaltem Wasser eingeweicht wird. Man lässt es über Nacht stehen und setzt es mit diesem zum Kochen an.

**Obst,** wie Äpfel, Birnen und Pfirsiche, bleibt beim Einkochen schön weiß, wenn man etwas Zitronensaft hinzugibt. Das wirkt außerdem konservierend.

**Obst** für Kompott lässt sich sparsam und schnell schälen, wenn man es vorher mit kochendem Wasser überspült.

Zu **Obstkuchen** kann man fast alle Teigarten verwenden. Für Blechkuchen mit Obstbelag kommt meist Hefeteig, mitunter auch Backpulverteig oder Mürbeteig infrage. Obstkuchen soll man erst nach dem Backen zuckern.

Richtige Aufbewahrung von **Öl.** Flaschen, die längere Zeit stehen sollen, bindet man nur mit Mulllappen zu; ein Verkorken ist nicht angebracht, da das Öl dadurch leidet. Auch darf man es niemals der Sonne aussetzen, da die Strahlen dem Öl schaden. Um das Ranzigwerden zu verhüten, kann man dem Öl ein paar Körnchen Kochsalz beifügen. Dadurch behält es lange Zeit, richtig aufbewahrt, seine tadellose Beschaffenheit.

Nehmen Sie **Ölsardinen** sofort nach dem Öffnen aus der Dose, damit nicht durch den Luftzutritt das Blech mit dem Öl eine Verbindung eingeht. Das beeinträchtigt den Geschmack der Sardinen und ist ungesund.

**Orangeat** lässt sich leichter hacken und springt nicht herum, wenn Sie es vorher mit etwas Zucker bestreuen.

**Orangen** lassen sich viel leichter schälen, wenn sie warm sind – sie schmecken dann auch aromatischer. Legen Sie sie kurz vor dem Verzehr auf die Heizung oder in warmes Wasser.

**Oregano** eignet sich gut zum Würzen fetter Speisen, da es den Gallenfluss verstärkt und daher das Fett vom Körper schneller abgebaut wird.

Sie möchten etwas **panieren** und haben kein Ei mehr zu Hause. Behelfen Sie sich einfach mit Dosenmilch. Ziehen Sie das Fleisch durch die Milch und anschließend durch das Paniermehl.

Wenn man der **Paniermasse** etwas Öl zugibt, haftet sie besser am Fleisch.

Wenn man dem **Paniermehl** etwas geriebenen Parmesan hinzufügt, schmeckt die Kruste bei Fleisch oder Hähnchen viel aromatischer.

Mit **Paniermehl** kann man viel anfangen, z. B. Hackfleisch strecken, Reste mit Semmelbröseln überstreuen, einige Flöckchen Butter darüber und dann überbacken. Der Kuchen löst sich besser aus der Form, wenn man in die eingefettete Form etwas Paniermehl streut.

**Paprikapulver** sollte niemals mitgebraten werden, da es verbrennt und der Geschmack verändert wird. Fügen Sie dieses Gewürz erst am Schluss zu.

Eingelegte **Paprikaschoten** schmecken feiner, wenn die Haut entfernt wurde. Legen Sie die Schoten kurz in kochendes Wasser, dann lassen sie sich leicht häuten. Das Gleiche gilt für Tomaten.

**Paranüsse** zerbrechen leicht beim Aufknacken. Legen Sie sie vor dem Öffnen einige Zeit in heißes Wasser, dann kommen Sie in den Genuss ganzer Nüsse. Auch wenn Sie sie kurz ins Gefrierfach legen, lassen sie sich leicht als ganze Frucht aus der Schale lösen.

**Parmesankäse** gibt beim Überbacken ein gutes Aroma, ist jedoch sehr trocken und verbrennt daher schnell. Weichen Sie ihn vorher in Milch oder Sahne ein.

**Pellkartoffeln** sind oft ein Ärgernis, wenn die Pelle nicht heruntergehen will. Sie lassen sich viel leichter pellen, wenn man dem Kochwasser etwas Öl zugesetzt hat.

Wenn **Pellkartoffeln** sehr unterschiedlich in der Größe sind, werden sie nicht gleichzeitig gar. Stechen Sie daher die großen Kartoffeln mehrmals mit der Gabel ein. Geben Sie etwas Öl oder Butter in das Kochwasser – die Kartoffeln lassen sich dann leichter pellen.

**Peperoni** halten sich im Kühlschrank nur ungefähr eine Woche frisch. Sollen sie länger aufbewahrt werden, stellen Sie sie in einem Schraubglas mit Essig bedeckt in den Kühlschrank.

**Petersilie** aufbewahren, sodass sie ihre grüne Farbe behält: Frische Petersilie wäscht man gut, hackt sie fein und stellt sie an einen luftigen, trockenen Ort. Sie verlangt weiter keinen Schutz und keine Vorrichtung.

Frische **Petersilie,** Schnittlauch, Vanillezucker und Zitronensaft nicht mitkochen – sie verlieren ihr Aroma.

**Pfannkuchen** werden lockerer, wenn unter den Teig etwas geriebene, tags zuvor gekochte Kartoffel kommt.

Der Teig für **Pfannkuchen** bekommt garantiert keine Klümpchen, wenn man erst das Mehl nur mit der Milch glatt rührt und erst danach die Eier dazugibt.

Süße Pfannkuchen schmecken besonders lecker und karamellig, wenn sie in brauner Butter gewendet werden, in die etwas Zucker eingeschmolzen wurde.

Wenn man Pfannkuchen statt mit Milch mit Wasser zubereitet, sind sie kalorienärmer und backen nicht an der Pfanne fest.

**Pfannkuchen** wenden ist keine Kunst. Lassen Sie den Pfannkuchen einfach auf einen großen Topfdeckel gleiten und stülpen Sie den Deckel wieder auf die Pfanne.

Frische **Pfifferlinge** sollten möglichst bald zubereitet werden – im Kühlschrank höchstens zwei Tage aufbewahren.

**Pflaumenmarmelade** erhält einen aparten Geschmack, wenn man kurz vor Ende der Kochzeit etwas fein geriebenes Zitronat oder Orangeat mitkochen lässt und der fertigen Marmelade einen Schuss Rum beifügt.

**Pilze** aller Art sollten nur unter fließendem Wasser gewaschen werden, da sie im Wasser liegend zu viel Flüssigkeit aufnehmen und den Geschmack verlieren. Essen Sie Pilze nicht roh, verwenden Sie sie möglichst frisch und wärmen Sie Pilzmahlzeiten nicht auf. Personen mit empfindlichem Magen sollten Pilzmahlzeiten, die schwer verdaulich sind, nicht am Abend essen. Der Geschmack von Pilzen ist ausgezeichnet, ihr Nährwert jedoch nur sehr gering.

Wenn Sie **Pilze** vor dem Kochen oder Braten möglichst fein zerkleinern, sind sie leichter verdaulich.

Hat man keinen Backofen, so kann man eine **Pizza** mit etwas Öl auch mit geschlossenem Deckel in der Pfanne braten. Der Teig wird besonders knusprig, wenn man statt Mehl Hartweizengrieß verwendet.

**Plätzchen** bleiben mürbe, wenn man sie in einer Dose mit einigen Apfelschalen oder Kartoffelschalen aufbewahrt. Sind sie bereits hart geworden, kann man die Dose mit einem feuchten Tuch bedecken.

**Plätzchenteig** lässt sich besser ausrollen und bleibt nicht am Teigroller hängen, wenn man zwischen Teig und Roller Küchenfolie legt.

**Pökeln** von Fleisch kann man selbst machen: Man lege 1 kg Fleisch 8–10 Tage in eine Brühe aus ½ l Wasser, 120 g Salz, 10 g Zucker und 5 g Salpeter. Die Brühe wird aufgekocht und über das Fleisch gegossen, das darin täglich gewendet wird.

**Preiselbeeren** sind eine leckere Beigabe zu Wild und Geflügel. Große Beeren (Cranberries) verkochen sich besser, wenn sie vorher eingefroren waren.
Noch ein Tipp: Eine kleine Zugabe von Preiselbeeren verhindert das Schimmeln von selbst gemachter Marmelade.

Wenn Sie für ein Rezept **Puderzucker** benötigen und keinen im Haus haben, nicht verzweifeln. Malen Sie sich den Puderzucker selbst mit normalem Zucker in einer elektrischen Kaffeemühle.

Das lästige Anbrennen von **Pudding** im Topf können Sie vermeiden, indem Sie den Kochtopf zuvor mit Butter einreiben.

Kinder mögen keinen **Pudding** mit Haut. Wenn Sie den heißen Pudding mit Zucker bestreuen, schmilzt der Zucker sofort und es kann sich keine Haut mehr bilden.

Wenn Sie die **Puddingform** kurz in heißes Wasser halten, lässt sich der Pudding leichter stürzen.

**Quark** bleibt viel länger frisch, wenn Sie die verschlossene Packung im Kühlschrank auf den Kopf stellen.

Nehmen Sie **Raclette-Käse** erst kurz vor dem Verzehr aus dem Kühlschrank. Bei Zimmertemperatur wird er schnell klebrig.

Wenn Sie statt der Knollen das Grün der **Radieschen** ins Wasser stellen, bleiben die Radieschen länger frisch.

**Rehfleisch** hat einen feinen Eigengeschmack, daher sollte man es sehr vorsichtig würzen – am besten mit Majoran, Thymian, Salbei und Wacholder.

**Reibekuchen** bzw. Kartoffelpuffer werden nicht grau, wenn man dem Teig eine geriebene Zwiebel zugibt und ihn mit etwas Mehl bestäubt.

**Reis** quillt etwa um das Dreifache auf. Deshalb nimmt man beim Kochen auf eine Tasse Reise etwa 2 1/2 Tassen Wasser.

**Reis** sollte man beim Kochen nicht rühren, sondern öfter schütteln, damit er nicht klumpig wird und die Körner ganz bleiben. Schöne weiße Körner erhält man, wenn man etwas Zitronensaft ins Kochwasser gibt.

**Reis** wird körnig, wenn man ihn zum Kochen in einem Metallsieb ins Wasser hängt. Der Deckel soll nicht völlig geschlossen sein. Nach 12–15 Minuten schrecken Sie den Reis kurz im Sieb ab und lassen das Wasser abtropfen.

**Rettich** wird ganz dünn aufgeschnitten – z. B. mit einer »Radispirale« – und etwa eine Viertelstunde vor dem Verzehr gesalzen, damit er Wasser zieht. Danach ist er ganz zart.

Der herbe Geschmack von **Rhabarberkompott** wird gemildert, wenn man den Saft einer Orange hinzugibt. Den gleichen Zweck hat es auch, wenn Sie die Rhabarberstücke vor dem Kochen kurz mit heißem Wasser übergießen. Auch einige mitgekochte Bananenscheiben oder Erdbeeren mildern den Geschmack.

Achten Sie beim Kauf von **Rhabarber** darauf, dass die Stängel rot sind. Die roten Stängel enthalten nicht so viel Oxalsäure und man braucht nicht so viel Zucker.

**Roquefort** hat einen intensiven Geschmack. Besonders gut ergänzt er sich mit Walnüssen, Ananas und Birnenstückchen.

**Rosenkohl** wird leicht grau, wenn man die Röschen in Salzwasser kocht – deshalb erst gegen Ende der Garzeit salzen. Wenn man den Strunk einkerbt, gart der Rosenkohl schneller.

Feuchte **Rosinen** sinken zum Ärger der Bäckerin im Teig nach unten. Das kann man verhindern, indem man die Rosinen, bevor sie in den Teig gegeben werden, in Mehl wälzt.

**Rosinen** werden schön weich, wenn man sie vor der Verwendung eine halbe Stunde in Zitronensaft einlegt – auch Cognac ist gut geeignet.

**Rote Rüben** dürfen keine verletzte Schale haben, da sonst der Saft austritt. Schälen Sie die Rüben erst nach dem Kochen, nachdem Sie sie kurz unter kaltes Wasser gehalten haben – dann geht es viel leichter. Sie können sie auch in Alufolie verpackt garen, um das Ausbluten zu verhindern.

Etwas Kirschsaft oder Kirschmarmelade gibt **Rotkohl** einen sehr feinen Geschmack. Man kann auch einen Beutel

Glühweingewürz hinzutun, um den Geschmack aromatischer zu machen. Beutel vor dem Servieren entfernen.

Damit die **Roulade** nicht schrumpft und saftig bleibt, gibt man in jede Roulade einige Reiskörner. Der Geschmack wird sehr herzhaft, wenn man die Innenseite mit Senf bestreicht. Durch einen Schuss Cognac werden Rouladen schneller weich.

**Rouladen** kann man leicht aus einem guten Stück Braten selbst schneiden. Dünne Scheiben lassen sich leicht schneiden, wenn man das Fleisch vor dem Schneiden in der Tiefkühltruhe anfrieren lässt.

**Rührei** in einer etwas pikanten Variante? Mengen Sie dem Ei einfach etwas geriebenen Parmesan bei.

Wird beim **Rühren** eines Teiges unter die Schüssel ein mehrfach zusammengefaltetes nasses Tuch gelegt, so rührt sich selbe nicht vom Platz.

**Safran** macht den Kuchen gelb, ist aber sehr teuer. Legen Sie zum Färben ein paar Fäden Safran in 1–2 Esslöffel siedendes Wasser und mischen sie es unter den Kuchen. Die Flüssigkeit muss jedoch bei dem Rezept mitgerechnet werden.

**Süße Sahne** ist gut geeignet zum Verfeinern von Suppen. Damit sie nicht gerinnt, sollte man sie vorher mit etwas Mehl anrühren. Suppen und Soßen werden so sämiger.

Welker **Salat** lässt sich noch retten, wenn man ihn mit einigen rohen Kartoffelstückchen in kaltes Wasser gibt. Den ganzen Kopf in eine Schüssel mit kaltem Wasser und etwas Zitrone legen, für eine halbe Stunde ab in den Kühlschrank – meistens ist er hinterher wieder frisch.

Macht die **Salatgurke** einen weichen und welken Eindruck? Legen Sie sie einfach in eine Schüssel mit kaltem Wasser und stellen Sie sie in den Kühlschrank. In 2 Stunden ist sie wieder frisch und knackig.

**Salat** und Gemüse wird frisch gehalten, wenn man es in feuchtes Seiden- oder Zeitungspapier einwickelt. Leicht angewelkter Salat wird wieder frisch, wenn man zu dem Waschwasser etwas Zucker gibt.

Wenn **Salat** und Gemüse im Kühlschrank aufbewahrt werden, ist es immer angebracht, den Boden des Gemüsefachs mit Küchenpapier auszulegen, das die Feuchtigkeit aufsaugt.

**Süßen Speisen**, auch Gebäck, immer eine kleine Prise Salz zugeben, das erhöht den Wohlgeschmack.

Kommt kein **Salz** mehr aus dem Streuer? Dann ist es feucht geworden, was sich dadurch vermeiden lässt, dass Sie einige Reiskörner oder ein kleines Stückchen Löschpapier in den Streuer tun.

**Salz** kann Fettspritzer verhindern. Geben Sie beim Braten eine Prise Salz in das Fett. Sie werden sehen, dass es fast nicht mehr spritzt.

**Salzgebäck** nie auf Silberschalen servieren, sondern immer eine Papierserviette dazwischenlegen. Das Salz greift das Silber an und hinterlässt Flecken.

**Salzkartoffeln** nur mit so viel Wasser kochen, wie die Kartoffeln aufsaugen.

**Salzkartoffeln** hält man am besten warm, indem man ein Küchentuch über den Topf legt, das den Wasserdampf aufsaugt. So werden die Kartoffeln nicht wässrig.

**Sardellenfilets** sind oft zu salzig – wässern Sie sie vor dem Verzehr einige Zeit.

**Sauerkraut** stärkt – roh gegessen – die Darmflora und das Immunsystem. Es enthält viel Vitamin C. Frisches Sauerkraut bekommt man von Mitte September bis Anfang April.

**Sauerkraut pikant?** Geben Sie einfach kurz vor der Garzeit einige gedünstete Apfelstückchen und eine zerdrückte Knoblauchzehe hinzu.

Tiefgefrorene **Scampi** dürfen in der Packung keinen »Schnee« haben, sonst ist die Qualität nicht einwandfrei. Nach dem langsamen Auftauen gut waschen und den schwarzen Darm entfernen.

**Schalotten** sind besonders fein, lassen sich aber schlecht abziehen. Wenn man sie mit kochendem Wasser übergießt und dann kalt abschreckt, lässt sich die Haut ganz leicht entfernen.

Haben Sie auf eine **scharfe Peperoni oder Chilischote** gebissen? Auf keinen Fall etwas trinken, sondern lieber etwas trockenes Brot kauen.

Wenn Sie **Spieße für Schaschlik** mit etwas Öl einreiben, bevor Sie das Fleisch daraufspießen, bleibt das Fleisch nicht hängen. Man kann die Spieße auch über Nacht in Wasser legen, damit das Fleisch sich besser ablöst.

Versalzener **Schinken** wird mild, wenn man ihn einige Minuten in Milch legt.

**Schlagsahne** bleibt fest, wenn man der geschlagenen Sahne aufgelöste Gelatine beigibt, und zwar auf 500 g Sahne einen Teelöffel Gelatine.

**Schlagsahne** wird schneller steif, wenn man sie vorher kühl gestellt hat.

**Schlagsahne** wird besonders steif, wenn man während des Schlagens etwas Puderzucker hinzugibt.

**Schlagsahne** kann man mit einem geschlagenen Eiweiß verlängern. So wird sie auch schön fest (1 Eiweiß auf 200 g Sahne).

Zum **Schmoren** nimmt man am besten einen feuerfesten Topf, denn im Backofen gart das Fleisch am gleichmäßigsten – also müssen auch Topfdeckel und -griffe feuerfest sein.

Abrühren mit dem **Schneebesen:** Sämtliche Mehlschwitzen, Crememassen oder Teige werden in viel kürzerer Zeit glatt und schaumig, wenn man anstatt des Kochlöffels oder Quirls einen runden Schneebesen verwendet.

**Schnitzel** sollen erst kurz vor dem Einlegen ins Fett paniert werden. So bleiben sie mürber und weicher.

Etwas Kaffeepulver im **Schokoladenpudding** gibt ein apartes Aroma.

Wenn man **Schwarzwurzeln** mit kochendem Wasser übergießt, lassen sie sich hinterher besser schälen. Damit sie weiß bleiben, fügt man dem Wasser etwas Zitronensaft oder Essig hinzu. Eine Prise Zucker verstärkt den Geschmack.

Damit **Sekt** beim Öffnen nicht überschäumt, halten Sie stets einen Teelöffel bereit, den Sie schnell in den Flaschenhals stecken.

Damit der **Sellerie** weich bleibt, fügen Sie dem Kochwasser etwas Öl hinzu und kochen ihn im offenen Topf. Dem rohen geraspelten Sellerie fügt man einige Tropfen Zitronensaft hinzu, damit er schön weiß bleibt. Wenn der Knollensellerie viele Nebenwurzeln hat, setzen diese sich bis ins Innere fort, was viel Abfall bedeutet. Achten Sie beim Kauf darauf, dass er wenig Nebenwurzeln hat.

Ist der **Senf** etwas eingetrocknet, können Sie ihn einfach mit ein wenig Essig und einem Teelöffel Öl wieder glatt rühren.

**Senf** ist lange haltbar, wenn man ihn kühl und dunkel lagert. Bei Licht- und Wärmeeinfluss baut er schneller seine Schärfe ab.

Auch wenn Sie es schon längst wissen, hier noch ein paar **Servierregeln:**
Speisen (Fleisch, Soße, Beilagen, Salat) werden von links angeboten, damit sich der Gast bedienen kann. Führen Sie die Platte möglichst nahe an den Teller des Gastes und halten Sie sie nicht zu hoch. Der danebensitzende Gast sollte nicht behindert werden. Der ranghöchste Gast sitzt rechts vom Hausherrn – bei ihm sollten Sie mit dem Servieren beginnen und dann entgegen dem Uhrzeigersinn weitergehen.
Platten und Schüsseln sollen auf der flachen Hand getragen oder mit einer Serviette fest umgriffen werden.

Gefüllte Speisen- oder Suppenteller werden von rechts gereicht.
Nicht mehr benötigtes Geschirr und Besteck wird ebenfalls von rechts weggenommen.

Ein Fläschchen **Sherry** kann man in der Küche zum Würzen immer brauchen. Vor allem verfeinert er Geflügel- und Kalbsragout, Süßspeisen, manche Suppen und auch Salatsoßen.

Ist die **Soße** etwas zu mehlig geworden, fügt man ein paar Butterflöckchen hinzu, die auch den Geschmack verfeinern. Damit verhindert man gleichzeitig, dass die Soße eine Haut bekommt.

Eine versalzene **Soße** kann man retten, indem man Sahne hinzufügt oder sie mit einem Stück Weißbrot nochmals aufkocht.

Zu dicken dunklen **Soßen** rührt man einfach etwas Rotwein unter.

Damit sich auf **Soßen** keine Haut bildet, gießt man nach dem Kochen etwas geschmolzene Butter darüber und rührt dann um. Man kann übrigens Soßen mit feinen Haferflocken statt mit Mehl andicken. Aber auch Mehl klumpt beim Andicken nicht, wenn man etwas Salz beifügt.

**Spargel** ist kalorienarm (70 Kalorien in 500 g), enthält viel Vitamin C und Folsäure, Magnesium und Kupfer. Asparagin, Kaliumsalze und ätherische Öle regen die Nieren an und fördern die Entwässerung des Körpers.

Der **Spargel** ist frisch, wenn die Schnittstellen hell, glatt und saftig sind. Schälen Sie ihn am besten dünn am Kopf, dann dicker zum Ende hin. Erst zuletzt wird das holzige Stielende abgeschnitten.
Der Eigengeschmack wird durch eine Prise Zucker und etwas Butter im Kochwasser verstärkt.

Wenn man **Spargel** ein bis zwei Tage im Kühlschrank aufbewahren will, sollte man ihn zum Frischhalten in ein feuchtes Tuch wickeln.

Um zu vermeiden, dass der **Spargel** beim Kochen bitter wird, können Sie eine geschälte Kartoffel mitkochen.

Bei einem richtigen **Spargelessen** darf man beim Einkauf nicht sparen – 500 g pro Person müssen Sie schon rechnen.

**Spargelschalen** nicht wegwerfen, sondern auskochen. Sie ergeben eine köstliche Brühe, aus der Sie Spargelsuppe machen können.

**Speiseeis** in der angebrochenen Packung bildet keine Kristalle und bleibt frisch, wenn Sie es mit einer Frischhaltefolie abdecken, bevor Sie den Deckel drauftun und es wieder in den Gefrierschrank legen.

**Speisen** kochen nicht über, wenn man den Rand des Kochgefäßes mit Fett bestreicht.

Wenn Sie **Speisen** abschmecken, fügen Sie am besten als Erstes das Salz hinzu. Wenn die anderen Gewürze schon beigegeben wurden, kann man schwierig herausschmecken, wie viel Salz noch fehlt.

**Speiseöle** sollten dunkel, gut verschlossen und kühl aufbewahrt werden. Ungeöffnet halten sie ca. 1 Jahr, geöffnet sollten sie innerhalb von 2 Monaten verbraucht werden.

Bei **Spiegeleiern** sollte man nur das Eiweiß salzen, auf dem Eigelb gibt das Salz unansehnliche Flecken.

Hübsche **Spiegeleier** erhält man, wenn man das Ei in ein Backförmchen in der Pfanne schlägt. Das Förmchen muss festgehalten werden, bis das Eiweiß fest ist.

Wärmen Sie **Spinat** nicht auf – er schmeckt übrigens auch kalt. Beim Aufwärmen wird das Nitrat im Spinat in schädliches Nitrit umgewandelt.

Ein gutes **Steak** sollte nicht zu mager, sondern marmoriert, d. h. von feinen Fettfäden durchzogen sein. Dass das Fleisch abgehangen ist, erkennt man daran, dass das Fleisch außen dunkler ist als innen, das Fett leicht gelblich. Am besten und teuersten sind Filetsteaks, aber auch Steaks aus der Keule können sehr fein sein. Wildsteaks sollten immer mit Speck umwickelt gebraten werden, da sie sonst zu trocken werden.

**Steaks,** Schnitzel und Koteletts werden umgedreht – übrigens niemals mit der Gabel –, wenn an der Oberfläche die ersten rosa Saftperlen austreten, damit auch auf dieser Seite der Saft nicht mehr austreten kann.

**Streuseln** auf dem Kuchen können Sie etwas Vanillepuddingpulver hinzufügen, damit sie eine kräftigere Farbe bekommen. Zur Abwandlung des Geschmacks können Sie die Streuselmasse mit Zimt, geriebener Zitronenschale, Mandeln oder Pulverkaffee mischen.

Besprühen Sie die **Streusel** vom Streuselkuchen sofort nach dem Backen mit etwas Wasser, damit sie schön mürbe werden.

**Sud** von Gewürzgurken oder eingelegtem Gemüse muss man nicht wegschütten. Man kann z. B. hart gekochte Eier darin einlegen – ähnlich wie Soleier übernehmen sie nach 2–3 Tagen den würzigen Geschmack.

Sind **Süßspeisen** zu süß geraten, kann man sie mit einem Löffel Zitronensaft oder Apfelessig retten.

Damit die **Suppe** nicht versalzen wird, sollte man sie erst salzen, wenn sie beinahe fertig gekocht ist. Wenn bei längerer Kochzeit viel Flüssigkeit verdampft, besteht die Gefahr, dass sie sonst versalzen ist – auch wenn man nicht verliebt ist.

Ist die **Suppe** versalzen, kann man sie noch retten, indem man ein rohes Eiweiß hineinquirlt und nach dem Gerinnen gleich wieder herausnimmt. Das Eiweiß nimmt den großen Teil des Salzes auf.

**Dosensuppe** sollte man vor dem Öffnen kräftig schütteln und dann am Dosenboden (nicht am Deckel) öffnen – so lässt sie sich leicht in den Topf gießen.

**Suppen und Soßen** werden cremig und leicht gebunden, wenn Sie je nach Menge rohe Kartoffeln hineinreiben. Die Flüssigkeit muss danach nur noch kurz aufkochen.

**Suppenfleisch** wird sehr zart, wenn man dem Kochwasser etwas Cognac hinzufügt. Auch ein Schuss Essig hilft schon.

**Surimi** ist aus zerkleinertem und in Form gepresstem Fischfleisch nicht immer bester Qualität hergestellt und sieht Garnelen und Krebsfleisch sehr ähnlich. Beachten Sie beim Kauf dieser Krustentiere die Auszeichnung und den Preis, damit Sie nicht getäuscht werden.

**Tatar** kann jeder nach seinem Geschmack anmachen, wenn man pro Portion etwa 100–150 g mit einer Mulde in der Mitte auf einen Teller tut. Als Zutaten sind zu empfehlen: gehackte Zwiebeln und Essiggurken, Kapern, Salz, Pfeffer, Paprika, evtl. auch Oliven, Tabasco- und Worcestersoße.

**Tee,** den man nur kurz, d. h. 2–3 Minuten ziehen lässt, wirkt anregend. Wenn man ihn 5 Minuten ziehen lässt, ist er magenverträglicher, obwohl er bitterer schmeckt. Die Teekanne sollte man vor dem Aufgießen heiß ausspülen und dies auch zum Säubern tun, da ein Auswaschen mit Spülmittel den Geschmack des Tees verfälscht. In Teebeuteln erhält man meist schlechte Qualität. Kaufen Sie lieber den preisgünstigeren offenen Tee. Wenn Sie besonders guten Tee machen wollen und sehr hartes Wasser haben, können Sie den Tee mit Selterswasser kochen.

Wenn Sie Gewürze wie Nelken, Ingwerstückchen oder Zimt in den **Tee** möchten, geben Sie sie doch gleich in das Teeei oder das Sieb. Sie ersparen sich das lästige Herausfischen.

Mit **Thymian** würzt man vor allem deftige Suppen, z. B. Kartoffel-, Erbsen- und Bohnensuppen, Wild, Rind- und Hammelfleisch. Da der Geschmack sehr intensiv ist, sollte man sparsam im Gebrauch von Thymian sein.

**Tintenfisch** immer ganz heiß und frisch servieren, da er sonst leicht zäh wird.

Damit man beim **Tischdecken** nicht in Verlegenheit kommt, einige Regeln:

Um beim Essen nicht so oft aufstehen zu müssen, sollten Gewürze, Untersetzer, Korkenzieher, Flaschenzieher, Vorlegebesteck auf dem Tisch bereitliegen.
Die Teller fingerbreit von der Tischkante so auflegen, dass sich jeweils 2 Leute gegenübersitzen.
Tassen oder Gläser rechts oben neben den Teller stellen, Salatteller links oben neben den Teller.
Besteck: Messer rechts vom Teller, mit der Klinge zum Teller, daneben der Löffel. Die Gabel liegt links vom Teller, Dessertlöffel oder -gabel oberhalb des Tellers.
Die Serviette liegt links neben dem Teller oder auf dem Teller.
Wenn mehrere Gänge serviert werden, liegt das Besteck von außen nach innen in der Reihenfolge, in der es gebraucht wird.

Wenn man nicht so oft **Toast** isst, kann man Portionspackungen von 2–3 Scheiben im Gefrierfach aufbewahren und dann sofort unaufgetaut in den Toaster geben.

**Tomaten** lassen sich leichter schälen, wenn man sie ganz kurz in kochendes Wasser legt. Tomaten verlieren bei Kälte ihr Aroma – daher möglichst nicht im Kühlschrank lagern.

Den grünen Stängelansatz sollte man bei **Tomaten** wegschneiden – er enthält das giftige Solanin.

Grüne **Tomaten** legt man mit dem Stiel nach oben an einen warmen und hellen Platz, aber nicht direkt ins

Sonnenlicht. In einigen Tagen werden sie nachgereift sein.

Nachreifen der **Tomaten:** Es reifen an den Tomatenstöcken nicht alle Früchte aus. Sehr zweckmäßig ist es, diese Tomatenpflanzen mit den Wurzeln herauszureißen und auf eine Schicht Stroh zu legen. Hierdurch wird eine Nachreife erzielt, die den Geschmack der Tomaten nicht beeinträchtigt und eine Verwertung der Früchte nach Bedarf ermöglicht.

**Tomaten** nicht mit Gurken und Blumenkohl aufbewahren. Sie scheiden ein Gas aus, wodurch die Gurken schneller vergilben und der Blumenkohl weich wird.

**Tomatenmark-Reste** nicht in der Dose aufheben, sondern lieber in ein Glas umfüllen. Sie oxidieren sonst und werden bitter.

**Tomatensuppe** schmeckt kräftiger nach Tomaten, wenn man der fertigen Suppe etwas Tomatensaft oder Tomatenmark zufügt.

Angebrannte **Töpfe** aller Art sind mühelos zu reinigen, wenn man kaltes Wasser hineingibt und dieses mit einer Hand voll Soda langsam aufkochen lässt.

**Topfkuchen** löst sich nicht aus der Form? Zunächst erkalten lassen, dann kurze Zeit über einen Topf mit kochendem Wasser halten.

Vor dem Schneiden von **Torten** sollte das Messer unter kaltes Wasser gehalten werden – am besten nach jedem Stück wieder.

Damit der Obstsaft nicht so sehr in den **Tortenboden** einsinkt und ihn matschig macht, kann man den Boden vorher mit Eigelb einstreichen.

**Tortenguss** lässt sich ganz leicht gleichmäßig verteilen, wenn man den Löffel, mit dem man ihn über die Torte gießt, vorher in heißes Wasser taucht.

Lassen Sie einmal **Trockenpilze** in aufgekochtem Rotwein quellen und fügen Sie dem Sud noch 2–3 zerdrückte Wacholderbeeren zu. Lecker!

**Vanillestangen** sollte am besten in einem Schraubglas mit einer Prise Zucker aufbewahrt werden. So behalten sie ihr Aroma am längsten. Wenn man mehr Zucker dazugibt, erhält man gleichzeitig selbst gemachten **Vanillezucker**.

**Versalzene** Speisen sind genießbar zu machen, wenn man ein paar rohe Kartoffelstückchen oder Möhren darin kocht. Kann man etwas Zucker darangeben, wie bei den meisten Soßen, und evtl. einen Teil der Brühe abnehmen und mit etwas Tomatenmus aufkochen, dann ist die Speise gerettet.

Das vorzeitige Austrocknen von **Vollkorn- und anderem Schwarzbrot** kann vermieden werden, wenn in den

Brotkasten eine geschälte rohe Kartoffel gelegt wird. Die Kartoffel muss hin und wieder erneuert werden.

**Wein** darf nur in seltenen Fällen mitkochen, da er sonst sein Aroma verliert. Man bringt Speisen, denen man Wein zugesetzt hat, also immer nur bis dicht ans Kochen oder fügt den Wein zum Schluss zu, wenn die Speise fertig gekocht ist.

Welcher **Wein** zu welchem Essen? Leichte, spritzige Weine passen zur Vorspeise, zu dunklem Fleisch und Wild werden kräftige Rotweine gereicht. Zu hellem Fleisch trinkt man milde, pikante Weine, zu Fisch kräftigen Weißwein und zu Käse trockene Weiß- oder Rotweine, zu Eierspeisen leichten Rotwein und zu Süßspeisen und Obst keinen Wein.

Temperatur des **Weines** beim Servieren: Weißwein 8–12 Grad, Roséwein 5–9 Grad, Rotwein 10–15 oder sogar 18 Grad.

Das deutsche **Weinsiegel** gibt es in drei Farben: Gelb = trockene Weine, Grün = halbtrockene Weine, Rot = liebliche Weine.

**Weintrauben** sollte man mit warmem Wasser waschen. Kaltes Wasser ist nicht imstande, die Wachs- und Spritzmittelschicht und den Schmutz abzulösen. Am besten taucht man die Trauben einige Male kurz in heißes Wasser und spült dann kalt nach.

Am längsten halten sich **Weintrauben** frisch, wenn man die Stielenden mit flüssigem Wachs versiegelt und dann an einem kühlen, luftigen Ort aufhängt.

**Wiener Schnitzel** sind immer aus Kalbfleisch. Schweineschnitzel dürfen sich nur »Wiener Art« nennen.

**Wildbret** muss gut abgehangen sein, damit das Fleisch zart wird. Das Fett hat einen starken Eigengeschmack und sollte daher entfernt werden. Tupfen Sie das Fleisch vor dem Garen mit einem in Essigwasser getränkten Lappen ab. Man kann Wildbret in Buttermilch, Wein oder Essig beizen, damit es zarter wird.

Damit **Würstchen** nicht mehr so schnell platzen, wenn man sie nicht rechtzeitig vom Herd nimmt, etwas Milch in das Wasser geben.

Die Haut von der **Wurst** lässt sich leichter abziehen, wenn man die Wurst kurz mit kaltem Wasser übergießt oder ins Eiswasser legt.

Eine angeschnittene **Zitrone** bleibt frisch, wenn man sie mit der Schnittfläche auf eine halb mit Essig gefüllte Untertasse legt.

**Zitronen** geben mehr Saft, wenn man sie vor dem Auspressen auf der Arbeitsfläche mit leichtem Druck hin- und herrollt.

**Zitronen** und Orangen aufbewahren: Man häkelt sich aus altem Garn weitgittrige Säckchen zum Aufhängen an Nägeln in der Speisekammer. Darein gibt man die vorrätigen Früchte. So kann man die raren Früchte wochenlang ohne Schimmelflecken vor Fäulnis bewahren. Der Saft bleibt gut, nur die Schale dörrt nach langer Zeit ein bisschen.

Die Schalen von ungespritzten **Zitronen** sollte man nicht wegwerfen, sondern eingewickelt einfrieren zum Verfeinern von Kuchen und Plätzchen.

**Zitronenhälften** eignen sich nach dem Auspressen besonders gut zum Reinigen der Hände, vor allem wenn man färbendes Gemüse geschnitten hat.

**Zitronenkerne** müssen aus allen Speisen sorgfältig entfernt werden, da sie ihren bitteren Geschmack abgeben.

Die Schalen von **Zitrusfrüchten** dürfen nur verwendet werden, wenn sie mit dem Zusatz »unbehandelt« gekennzeichnet sind. Schalen von gespritzten und gewachsten Früchten wegwerfen. Da Zitrusfrüchte nicht nachreifen, sollte man besser nur reife Früchte kaufen.

**Zuckerguss** kann man mit Kirsch- oder Rote-Bete-Saft rosa färben. Wenn Sie ihn statt mit Wasser mit Milch anrühren, wird er besonders weiß. Mit etwas Öl angerührt, lässt er sich leichter auf dem Kuchen verteilen.

**Zwiebeln:** Es ist genau darauf zu achten, dass die Zwiebeln gut ausgereift und abgetrocknet sind, ehe sie aufbewahrt werden. Man bindet sie entweder in Bündeln zusammen und hängt sie auf oder breitet sie in luftigem Raume dünn auseinander und bedeckt sie bei Kälte mit Stroh oder Tüchern.
Wenn sie die Schnittfläche von übrig gebliebenen halben Zwiebeln mit Butter bestreichen, trocknen sie nicht aus und können noch einige Zeit verwendet werden.
Lagernde Zwiebeln keimen nicht so schnell, wenn man dazwischen eine Scheibe trockenes Brot legt.
Wenn Sie sich vor dem Zwiebelschneiden die Hände mit Öl einreiben, färben sie nicht ab und der Geruch zieht nicht in die Hände ein.

Wenn man vor dem Schneiden von **Zwiebeln,** Rotkohl und Roten Beten die Hände gut mit Öl einreibt, nehmen sie Farbe und Geruch nicht so stark an.

Wenn man **Zwiebeln** mit heißem Wasser übergießt, lassen sie sich hinterher leichter schälen.

**Zwiebelringe** werden besonders knusprig, wenn beim Braten etwas Zucker darübergestreut wird.

Sollen die **Zwiebelringe** besonders fein werden, reibt man sie einfach auf einem Gurkenhobel.

# Küchenlatein

**Abbacken:** Einen dicken Brei mit Fett und Mehl so lange auf dem Feuer rühren, bis er sich vom Topfboden löst (Eclairteig).

**Abdrehen, Tournieren:** Formen schneiden aus Wurzeln o. a. Gemüse zur Garnierung.

**Abfetten:** Abschöpfen oder Abnehmen des Fettes, das sich an der Oberfläche von Suppen und Soßen bildet.

**Abhängen:** Hängen- oder Liegenlassen von Fleisch, hauptsächlich von Wild, in einem kühlen Raum oder auf Eis, bis es mürbe genug zum Zubereiten ist.

**Abhäuten:** Abziehen der sehnigen Haut von rohem Fleisch.

**Ablassen:** Absondern des rohen Eiweißes vom Dotter.

**Ablöschen:** Eine Einbrenne oder Mehlschwitze langsam unter Rühren mit Flüssigkeit auffüllen.

**Abschärfen:** Durch Beigabe von Gewürz, Essig oder Zitrone den Geschmack der Speisen verbessern.

**Abschäumen von Suppen:** Wenn man eine klare Suppe haben will, muss man den Schaum mit einem

Schaumlöffel abheben, sobald er sich nach dem ersten Kochen gebildet hat. Hat man den Zeitpunkt verpasst, kann man etwas kaltes Wasser zugeben und die Suppe nochmals schnell zum Kochen bringen.

**Abschmecken:** Der Speise vor dem Anrichten etwa noch fehlende Gewürze hinzufügen.

**Abschrecken:** Eier sofort nach dem Kochen mit kaltem Wasser übergießen, damit sich die Schale besser löst. Bei fetten Bratensorten erzielt man eine knusprige Haut, wenn man den Braten kurz vor dem Garsein mit einem Guss kalten Wassers übergießt.

**Abwellen:** Ganz schnell Nahrungsmittel einmal aufkochen.

**Abziehen:** Suppen und Soßen mit angerührtem Eigelb (Sahne, Wein) binden.

**Arroser:** Übergießen des Fleisches beim Braten.

**Aspik:** Ein salziges oder säuerliches Gelee, aus Fleischgallert oder Gelatine hergestellt.

**Aufschlagen:** Soßen andicken mithilfe von Butter, die man stückchenweise unter die Soße schlägt, bis sie sich mit der Soße verbunden hat. Am besten tut man das im Wasserbad, da die Soße nicht kochen darf.

**Aufschlagen:** Cremige Massen unter ständigem Rühren mit dem Schneebesen zum Kochen bringen. Um das Anbrennen zu vermeiden, hauptsächlich auf dem Boden rühren.

**Aufwallen:** Bewegung auf der Oberfläche der Flüssigkeit kurz vor dem Kochen.

**Ausbacken:** In schwimmendem Fett backen.

**Ausbackteig:** Teig – meist aus Mehl, Ei und Wasser –, in dem Stücke zum Ausbacken in Fett eingetaucht werden.

**Auslösen, Ausbeinen:** Herauslösen der Knochen aus dem Fleisch.

**Ausnehmen, Ausweiden:** Entfernen des Eingeweides bei Fisch, Wild und Geflügel.

**Backen:** Im Backofen zubereitete Kuchen und Aufläufe oder auch im Fett gebratene panierte Gerichte.

**Bain-mari:** Wasserbad – fertige Soßen und Ragouts können auf diese Weise schonend aufgewärmt, warm gehalten werden, ohne anzubrennen. Puddinge, Eierstich und andere Speisen werden auch auf diese Weise gar gekocht.

**Bardieren:** Umwickeln von Fleisch mit dünnen Speckscheiben, um es so saftiger braten zu können.

**Beizen:** Fleisch in Essigwasser mit Gewürzen oder Sauermilch einlegen, um es mürbe zu machen.

**Binden:** Flüssige Speisen durch Zugabe von Sahne, Crème fraîche, Mehl oder Speisestärke sämiger machen.

**Blanchieren:** Gemüse in kochendem Wasser kurz aufkochen oder auch nur damit übergießen, wodurch ihm die blähende Wirkung genommen wird. Frisches Gemüse wird vor dem Einfrieren kurz aufgekocht. Nüsse, Mandeln und einige Obstsorten blanchiert man, um die Haut besser abziehen zu können.

**Bouillon:** Klare Fleischbrühe ohne Einlage.

**Braise:** Fette gewürzte Dämpfbrühe zum Dämpfen von Fleisch.

**Brandteig:** Die Teigmasse (Wasser oder Milch zusammen mit Fett erhitzen, später Mehl dazugeben) wird unter ständigem Rühren über der Flamme verdickt, bis sie sich vom Topf loslöst. Je nach Rezept weiterverarbeiten.

**Butter schaumig rühren:** So lange rühren, bis sie ganz schaumig weiß ist.

**Charlotten:** Puddinge, mit Biskuit oder Keksen zusammengesetzt.

**Couleur:** Dunkelbraun gebrannter und hernach mit heißem Wasser aufgekochter und aufgelöster Zucker, zur Färbung von Soßen und Sülzen.

**Croustade (Krusten):** Pastete aus Teig.

**Croûtons:** In Butter gebackene knusprige Brotwürfelchen zur Garnierung von Salaten und Gemüse.

**Dämpfen:** Eine Speise mit Fett und wenig Wasser bei geschlossenem Topf langsam gar kochen.

**Deglacieren:** Angebratenem oder Angedämpftem Flüssigkeit zugeben.

**Degrassieren:** Abschöpfen der Fettoberfläche von Soßen, Suppen und Brühen.

**Demi-glace:** Soße oder eine dickflüssige Bouillon, die beim Übergießen auf den Speisen haftet, um sie so zu glacieren.

**Dessert:** Nachtisch wie Pudding, Kuchen, aber auch Käse.

**Dressieren:** Fleisch, Wild, Geflügel, Fisch mithilfe von Stäbchen, Fäden oder Klammern in Form bringen, damit sie nach dem Garen die gewünschte Form haben.

**Durchpassieren, Durchstreichen:** Soßen, Gemüse, Kompott usw. durch ein Tuch oder Sieb streichen, um eine glatte Masse zu erhalten.

**Durchrühren:** Eine Masse so lange mit dem Holzlöffel rühren, bis sie gleichmäßig durchgemischt ist.

**Einbrenne:** Wird zum Andicken von Soßen und Suppen verwendet. Butter in einem Topf kochen, einen Löffel Mehl hinzufügen und so lange rühren, bis es sich vom Topfboden hebt. Das Mehl muss gar sein, aber nicht braun werden. Dann gießt man langsam kochendes Wasser oder Brühe hinzu.

**Einkochen:** Dünnflüssige Speisen durch langes Kochen verdicken.

**Einmehlen:** Wenden z. B. von Fleisch oder Gemüse vor dem Backen in Mehl.

**Entrecote:** Mittelrippenstück.

**Farce:** Fein gehackte Mischung aus Fleisch mit verschiedenen Zutaten zum Füllen von Pasteten, Fleisch- und Gemüsegerichten. Geflügel kann man gut mit einer Mischung aus Eigelb, geriebener Semmel, Butter, Zwiebeln oder Pilzen farcieren.

**Faschieren:** Kleinhacken von Fleisch, am besten geeignet für Bratenreste, da rohes Fleisch zu viel Saft verliert.

**Filet:** So bezeichnet man die feinsten Fleischstücke, z. B. vom Rücken des Schlachtviehs, vom Brustknochen des Geflügels und auch das vom Rücken getrennte und entgrätete Fleisch der Fische.

**Flambieren:** Übergießen einer Speise mit hochprozentigem Alkohol und abbrennen, um den Geschmack zu verbessern.

**Flammieren:** Bereits gerupftes Geflügel über einer Flamme absengen, um die Flaumfedern zu entfernen.

**Fond:** Saft, der beim Kochen und Braten von Fleisch, Fisch und Gemüse austritt oder eingedickt als Bodensatz zurückbleibt – enthält die aromatischsten Bestandteile der Speise.

**Frikassee:** In kleine Stückchen geschnittenes Kalb-, Kaninchen- oder Hühnerfleisch, das mit einer hellen Soße serviert wird.

**Garnieren:** Speisen appetitlich servieren und verzieren.

**Geklärte Butter für Buttergebäck (auch Ghee genannt):** Butter in einem Topf bei geringer Hitze aufsetzen und leicht kochen, bis sie hell und klar ist – ca. 20 Minuten. Die Butter darf dabei nicht braun werden. 10 Minuten ziehen lassen und den Schaum abschöpfen. Ein Sieb mit einem feuchten Küchentuch auslegen und die Butter durchgießen (klären). Kalt aufbewahren.

**Gelatine:** Feiner Knochenleim zum Steifmachen von Cremes, Sülzen und Süßspeisen, in Pulver- oder Blattform zu kaufen.

**Germ:** Hefe.

**Glace:** Dick eingekochte Fleischbrühe oder Soße, die Fleischspeisen eine glänzend braune Farben gibt.

**Glasieren:** Glänzendmachen mit Bratensatz oder Zuckerglasur.

**Glattrühren:** Eine Speise so lange rühren, bis keine Klümpchen mehr vorhanden sind.

**Gratinieren:** Speisen mit Käse, Semmelbröseln und Butterstückchen überstreuen und im Ofen überbacken, bis sie eine Kruste bekommen.

**Grillen:** Fleisch oder Fisch auf dem Rost braten. Der Saft bleibt im Fleisch erhalten, wodurch dieses besonders zart und schmackhaft wird.

**Haschee:** Gericht aus fein gehacktem gekochten Fleisch.

**Haschieren:** Fleisch fein hacken.

**Horsd'oeuvre:** Vorspeise, um den Appetit anzuregen.

**Jus:** Klare, kräftige braune Fleisch- oder Bratenbrühe.

**Kanapees:** Kleine Brotscheibchen, belegt mit pikanten Soßen, Ei und Kaviar, Sardellen u. a.

**Kandieren:** Früchte u. a. in kochenden Zucker tauchen, auf ölbestrichenem Backblech trocknen lassen, bis sich eine harte Kruste bildet.

**Kaneel:** Zimtrinde.

**Karree:** Fleischstück beim Schwein, Hammel und Kalb, das zwischen dem Rücken und der Keule liegt.

**Klarkochen:** Eine Flüssigkeit so lange unter ständigem Abschäumen langsam kochen, bis sie von Fett und Unreinheiten befreit ist.

**Konsommee:** Klare, sehr kräftige braune Fleischbrühe.

**Koteletts:** Vom Rippenstück abgeschnittene Scheiben vom Kalb, Schwein oder Hammel.

**Kroketten:** In Fett gebackenes Fleisch, Gemüse oder Fisch – oder eine Mischung aus Fleisch und Kartoffelbrei –, die zuvor in Ausbackteig getaucht oder in Ei und Semmelbrösel paniert wurden.

**Lake:** Zum Einpökeln verwendete Salzbrühe.

**Legieren:** Flüssige Speisen mit Sahne oder Eigelb sämig machen. Mit Eigelb legierte Soße nicht mehr aufkochen.

**Liaison:** Eigelb mit Milch, Sahne oder Wein verrührt, zum Andicken von Suppen und Soßen.

**Marinade:** Brühe aus Essig, saurem Wein, Gewürzen, Kräutern und Wurzeln zum Einlegen von Fleisch oder Fisch.

**Marinieren:** Einlegen von Fleisch oder Fisch in eine Marinade (Beize).

**Mark:** Durch ein Sieb gestrichener Fruchtbrei von Obst.

**Mark:** Das in den Röhrenknochen des Schlachtviehs enthaltene Fett.

**Obers:** Rahm oder Schlagsahne.

**Omelette:** Eierkuchen, meist ohne Zusatz von Mehl zubereitet (z. B. mit Champignons, Käse oder Schinken).

**Panieren:** Eintauchen von Fleischstücken in Ei, Milch oder zerlassene Butter, daraufhin Wenden in Paniermehl.

**Papillote:** Verzierte Papierhülle, um kahle Knochen bei Schlegeln, Geflügel usw. zu bedecken und das Gericht zu verzieren.

**Passieren:** Ein Gericht durch ein Sieb geben.

**Pökeln:** Einlegen von Fleisch in Salz, Zucker und Salpeter.

**Poschieren:** Eier, Fleisch oder Fisch bei geringer Hitze in Flüssigkeit gar ziehen lassen.

**Pralinieren:** Etwas in Zucker rösten.

**Püree:** Fein gehackter, durch ein Sieb passierter Brei.

**Ragout:** Gericht aus kleinen Fleischstückchen, die in einer gewürzten Soße gereicht werden.

**Reduzieren:** Soßen, Brühen oder Suppen bei starker Hitze ohne Deckel einkochen lassen, um sie konzentrierter zu machen.

**Salmi:** Feines Ragout, von Wild und Geflügel hergestellt.

**Salpicon:** Klein geschnittenes Fleisch und Pilze, die mit einer angedickten Soße in Pastetchen gefüllt werden.

**Sämigkochen:** Suppe oder Soße so lange kochen, bis sie leicht dicklich wird. Zu dünne Soßen oder Suppen kann man sämig machen, indem man Kartoffel- oder Stärkemehl, das man zuvor mit etwas Wasser glatt gerührt hat, hinzufügt und die Flüssigkeit nochmals aufkochen lässt.

**Sandwiches:** Zwei Weißbrotscheiben, zwischen die man Käse, Schinken u. a. und zusätzlich noch Gurken, Tomaten, Mayonnaise geben kann.

**Saucieren:** Eine Speise mit Soße übergießen.

**Sautieren:** Rasches Garen von dünnen Scheiben Fleisch, Fisch und Innereien in Fett oder Öl über starkem Feuer.

**Schalotte:** Kleine französische Zwiebel zum Würzen von Soßen und Speisen.

**Schmoren:** siehe Dämpfen.

**Schwitzen:** Mehl, Zwiebeln usw. in Butter oder Fett abdämpfen.

**Sorbet:** Kühles Getränk, gemischt aus Gefrorenem und Likör.

**Soufflé:** Auflaufspeise.

**Spicken:** Einziehen von dünnen Speckfäden in Fleischstücke, damit der Braten saftiger wird. Am besten verwendet man eine Spicknadel.

**Stocken:** Ein Gericht steif werden lassen.

**Suppengrün:** Zusammenstellung von Sellerie, Petersilie, Lauch und Mohrrüben zum Würzen der Fleischbrühe.

**Tablieren:** Flüssig gekochten Zucker oder Schokolade mit einem Holzlöffel so lange rühren, bis der Zucker weiß wird und zu erstarren beginnt.

**Tranchen:** Scheiben, z. B. Fleischscheiben.

**Tranchieren:** Zerschneiden oder Zerlegen von Fleisch mit einem möglichst scharfen, biegbaren Messer bzw. einer Geflügelschere, damit die Scheiben schön glatt aussehen.

**Vinaigrette:** Essigsoße, meist für Salat, Zutaten sind variabel. Zuerst Essig, Senf, Salz, etwas Zucker verrühren, dann erst Öl hinzufügen und andere Zutaten.

**Vol-au-vent:** Hohle Pastete aus Butterteig.

**Vorteig:** Teilweises Anmengen von aufgelöster Hefe. Man gibt etwas Hefe mit lauwarmer Milch aufgelöst in die Mitte des Mehls und vermengt sie mit etwas Mehl. Dann stellt man das Ganze warm, und nach $^{1}/_{2}$–1 Stunde muss die Hefe doppelt so hoch sein wie vorher.

**Wasserbad:** siehe Bain-mari.